首都圏版㉑ **最新入試に対応！ 家庭学習に最適の問題集!!**

桐朋学園小学校
桐朋小学校

桐朋学園小学校
2018 ～ 2021 年度過去問題を掲載
桐朋小学校
2019 ～ 2021 年度過去問題を掲載

2022 年度版 過去問題集

<問題集の効果的な使い方>

①お子さまの学習を始める前に、まずは保護者の方が「入試問題」の傾向や難しさを確認・把握します。その際、すべての「学習のポイント」にも目を通しましょう。
②入試に必要なさまざまな分野学習を先に行い、基礎学力を養ってください。
③学力の定着が窺えたら「過去問題」にチャレンジ！
④お子さまの得意・苦手が分かったら、さらに分野学習をすすめレベルアップを図りましょう！

日本学習図書 ニチガク

ニチガク式学習支援!!　　　　日本学習図書（ニチガク）

ニチガクの家庭学習支援

Web学習サポートサービス

こんなこと…ありませんか？

「ニチガクの問題集…買ったはいいけど、、、
この問題の教え方がわからない（汗）」

メールでお悩み解決します！

☆ ホームページ内の専用フォームで必要事項を入力！
☆ 教え方に困っているニチガクの問題を教えてください！
☆ 確認終了後、具体的な指導方法をメールでご返信！
☆ 全国どこでも！ スマホでも！ ぜひご活用ください！

＜質問回答例＞

学習のポイント

推理分野の学習では、後の学習に活きる思考力を養うことができます。ご家庭で指導する場合にも、テクニックにたよらず、保護者の方が先に基本的な考え方を理解した上で、お子さまによく考えさせることを大切にして指導してください。

Q.「お子さまによく考えさせることを大切にして指導してください」と学習のポイントにありますが、考える習慣をつけさせるためには、具体的にどのようにしたらいいですか？

A. お子さまが考える時間を持てるように、質問の仕方と、タイミングに工夫をしてみてください。
たとえば、「答えはあっているけど、どうやってその答えを見つけたの」「答えは○○なんだけど、どうしてだと思う？」という感じです。はじめのうちは、「必ず 30 秒考えてから手を動かす」などのルールを決める方法もおすすめです。

まずは、ホームページへアクセスしてください!!

http://www.nichigaku.jp　日本学習図書　検索

目指せ！合格！

家庭学習ガイド
桐朋学園小学校

制作　巧緻性　運動

入試情報

応募者数：男子 372 名　女子 230 名
出題形態：ノンペーパー
面　　接：なし
出題領域：制作（巧緻性）、運動

入試対策

当校の入学試験ではペーパーテストや面接が行われません。例年、1日目に口頭試問と制作、2日目に行動観察という形で試験が実施さていますが、2021 年度入試では、試験は1日で行われ、試験も制作（巧緻性）と運動のみになりました。試験課題は2つだけですが、試験時間が約 90 分あるので、その分1人ひとりしっかりと観られるということになります。
制作と運動という課題ではありますが、制作物の出来や運動能力が問われているわけではありません。もちろん、できるに越したことはありませんが、そうした課題を通して躾や家庭の教育を観ているということを理解しておきましょう。課題としての行動観察はありませんでしたが、試験全体が行動観察という意識で臨むようにしてください。

●ペーパーテストがないと試験対策は難しくなります。おそらく、もともとの趣旨は「幼児に過度な学習をさせない」ということのためにとられている試験形態ですが、観点がわかりにくくなるために、試験対策学習が広範囲かつ漠然としたものになりがちです。当校に絶対合格という保護者の方には、ある程度の覚悟が必要でしょう。

●制作問題の課題には、複雑な指示・手順が必要なものがあります。指示をよく聞いて理解するようにしましょう。

●単純な制作ではなく、パズルや積み木など思考力を要求される課題が出題されることもあります。ペーパーテストはありませんが、ペーパー学習に取り組んでおく必要はあると言えます。

●例年は、上記２つのような難しめの課題もありますが、今年度は非常にシンプルな課題でした。ただし、あまりお子さまが使うことのない「ふせん」が材料になっているので、戸惑ってしまったお子さまもいたのではないでしょうか。

●運動は、自分でコース選んで何度も繰り返し行うという自由度の高い課題でした。自由遊びのような、行動観察としての要素も強く感じられます。

「桐朋学園小学校」について

〈合格のためのアドバイス〉

志願者数が600名を超える、東京市部でも人気の私立小学校です。当校の入学試験はペーパーテストがありません。実施課題も少ないのが特徴ですが、その分１つひとつの課題を集中して行う必要があります。課題が少ないために対策は容易であると考えられがちですが、決してそのようなことはありません。「少人数のグループでじっくり行われる」ことで、お子さまの素の状態が出やすくなり、そうした部分が評価されるということは、ふだんの躾や習慣がそのまま合否につながるということになります。生活の中に試験対策を落としこまなければいけない点において、簡単ではないと言えるでしょう。さらに、面接テストがない分、試験中の受け答えも非常に大切になってきます。作業中に言葉をかけられた際、手を止めて先生の方向を向くなど、細かい点にも注意しましょう。

制作は年度によって「自由に」というものもあれば、複雑な作業を要求するものもあります。目立った傾向はありませんが、大勢の志願者がいる中で、指示を勘違いしてしまうと評価の対象から外れてしまいます。まずは指示をよく聞き、理解することが必要でしょう。

また、過去には制作課題で、パズルを解く、積み木を並べるといったものも出題されています。いずれも複雑な手順を要求されるものですが、手先の器用さはあまり関係なく、指示を理解することが必要になってきます。行動観察では、図形や推理分野をモチーフにしたペーパーテストに近い出題もされています。ペーパー学習対策も怠らないようにしましょう。

行動観察は大きく分けて２つのタイプがあります。日常生活の延長として片付けなどを行うものと、グループでゲームをしたり、制作をしたりするものです。前者は出題の仕方に工夫があり、指示の内容を理解して効率よく結果を出すとよい評価を受ける、能力を観点としたものです。後者は集団行動への適応力を中心に、振るまいを観点としていますが、特にリーダーシップを求められているわけではありません。ほかの志願者に配慮しながら行動することを意識させましょう。

〈2021年度選考〉

◆制作（巧緻性）
◆運動

◇過去の応募状況

2021年度	男子372名	女子230名
2020年度	男子395名	女子207名
2019年度	男子376名	女子183名

入試のチェックポイント

◇受験番号は…「生年月日順」
◇生まれ月の考慮…「なし」

〈本書掲載分以外の過去問題〉

◆口頭試問：パズル［2017年度］
◆制作：毛糸使って好きな絵を作る。［2017年度］
◆運動：６人１組でボール運び競争。［2017年度］
◆行動観察：夏祭りごっこ。［2016年度］
◆口頭試問：指示通りに積み木を並べる。［2016年度］

目指せ！合格！

家庭学習ガイド
桐朋小学校

口頭試問　制作　巧緻性　運動

入試情報

応募者数：男女442名
出題形態：ノンペーパー
面　　接：なし
出題領域：口頭試問、制作（巧緻性）、運動、保護者アンケート

入試対策

例年、１次試験（個別）で口頭試問、２次試験（集団）で制作、行動観察、運動が実施されていますが、2021年度入試では、試験は１日で行われ、試験時間も30分に満たない非常にシンプルな試験になりました。
難しい課題や問題はありません。受験者がどう感じたのか、というような正解のない問題が多いのが特徴です。これは、当校の入試に対する考え方が、入試時点の能力を測るというよりは将来性を期待するものだからでしょう。ありのままのお子さまを評価したいということです。保護者の方は、口頭試問（１対１）で話すことに慣れさせておくこと、当日のコンディションを整えることに注意してください。

●１次試験の合格者のみが２次に臨む２段階選抜方式の入試ですが、１次試験はほとんどの志願者が合格します。内容も基礎的なものが多く、特別な試験対策は必要ありません。

●１次試験の個別テスト・口頭試問は、テスターと１対１で行われ、例年、数量・常識・推理・図形など広い分野から選ばれて出題されています。数量の分野なら10までの数がかぞえられる、常識では仲間分けできるかといった基礎的な内容が中心です。口頭試問の形式に慣れておけば、緊張しすぎることがない限り問題ありません。

●上記２つは、例年行われている内容ですが、今年度はいわゆる知力を測るような試験課題はほとんどありませんでした。今年度は、「指示の理解」と「どう考えた（感じた）か」というところがポイントになっていると考えられます。

●保護者アンケートの実施は、試験の約２週間前に告知されたそうです。コロナ禍では、急な変更は充分に考えられることなので、どんなことがあっても対応できるようにしっかりとした準備をしておきましょう。

「桐朋小学校」について

<合格のためのアドバイス>

当校で実施されている口頭試問と、ペーパーテストとの大きな違いは、「ペーパーテストは結果で評価されるのに対し、口頭試問は解答を導き出すプロセス、発表する時の言葉遣いや態度、解答がトータルで評価される」というところです。また、口頭試問はテスターと１対１で行われるため、緊張感も高まる中、出題を１回で聞き取らなければなりません。問題自体は難しい内容ではありません。基礎学習をしっかりと行うことが大切です。

学習方法としておすすめなのは、なぜその解答になったのかをお子さまに説明させることです。説明することで解答を発表する練習にもなり、問題に対する理解も深まります。なお、口頭試問は、立ったまま行われます。この点に関しても、試験が近づいてきたら慣れておく必要があります。

集団テスト（2021 年度入試は実施せず）では、遊びを通して、指示への理解やさまざまな生活習慣が身に付いているかが観られています。こういった出題形式は当校入試の大きな特徴となっており、当校が公共の場でのマナーや「躾」を重視していることがうかがえます。いわば、対策の要は「生活習慣の改善」ということになり、お子さまを通して、保護者の方の公共の場でのマナーやお子さまに対する躾が観られていると思いましょう。自分が出したゴミでなくても、見かけたら拾うなど、保護者の方の行動がお子さまの習慣そのものになることを意識してください。

集団の中で行われる運動テスト（2021 年度入試は個別）は、基本動作の連続になります。１つひとつの動作を確実にこなすとともに、体力をつけておくようにしてください。思い切り遊ぶことも大切です。また、お友だちとの遊びの中で、他人との関わりや思いやりなどを育むこともできます。時にはトラブルも起きるでしょう。その時は最初から保護者の方が干渉するのではなく、トラブルの収め方も含め、子どもたち自身で解決するように見守ってください。

〈2021 年度選考〉

◆口頭試問
◆制作（巧緻性）
◆運動

◇過去の応募状況

2021 年度	男女 442 名	
2020 年度	男子 248 名	女子 138 名
2019 年度	男子 217 名	女子 127 名

入試のチェックポイント

◇受験番号は…「非公表」
◇生まれ月の考慮…「非公表」

〈本書掲載分以外の過去問題〉

◆口頭試問：お話作り。[2017 年度]
◆口頭試問：鉛筆を同じ数ずつ分ける。[2017 年度]
◆行動観察：たまご運び競争。[2016 年度]
◆制作：模造紙に集団で絵を描き、その上で遊ぶ。[2015 年度]
◆制作：弁当の中味（たまご焼き、おにぎり、リンゴなど）を制作。[2015 年度]

得 先輩ママたちの声！

◆実際に受験をされた方からのアドバイスです。
ぜひ参考にしてください。

桐朋学園小学校

・制作や巧緻性では小学校入試ではあまり見かけない材料（ふせん、割りピンなど）が使われることがあります。身の周りのものに目を光らせて、制作につなげていくとよいと思います。

・受付が終わると、子どもはすぐに会場に行ってしまうので、伝えるべきことは受付前に話しておきましょう。

・ノンペーパーの入試なので、さまざまな経験や幅広い分野の対策が必要だと感じました。ペーパー学習も無駄にはならないと思います。

・他校とは雰囲気が違い、ざっくばらんな感じでした。入試を楽しむくらいの気持ちで臨む方がよいと思います。

桐朋小学校

・保護者もいっしょに控え教室に移動して試験の順番を待ちます（10組くらいずつ）。順番が遅い場合、1時間30分くらい待つことになるので、子どもを飽きさせない工夫も必要になります。

・コロナ禍で考査をするかどうかを、学校がギリギリまで悩んでいたということでした。

・考査２週間前になって「子育てに関するアンケート」が課されることになりました。受験準備だけでは書くことができないので、しっかりと子どもとのコミュニケーションをとっておいた方がよいと思います。

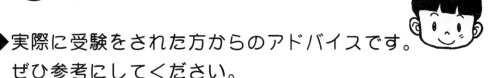

桐朋学園小学校
桐朋小学校

過去問題集

〈はじめに〉

現在、少子化が叫ばれているにもかかわらず、私立・国立小学校の入学試験には一定の応募者があります。入試は、ただやみくもに学習するだけでは成果を得ることはできません。志望校の過去における出題傾向を研究・把握した上で、練習を進めていくこと、その上で試験までに志願者の不得意分野を克服していくことが必須条件です。そこで、本問題集は小学校を受験される方々に、志望校の出題傾向をより詳しく知って頂くために、過去に遡り出題頻度の高い問題を結集いたしました。最新のデータを含む精選された過去問題集で実力をお付けください。

また、志望校の選択には弊社発行の**「2022年度版　首都圏・東日本　国立・私立小学校　進学のてびき」**をぜひ参考になさってください。

〈本書ご使用方法〉

◆出題者は出題前に一度問題を通読し、出題内容などを把握した上で、**〈 準 備 〉**の欄に表記してあるものを用意してから始めてください。

◆お子さまに絵の頁を渡し、出題者が問題文を読む形式で出題してください。問題を読んだ後で、絵の頁を渡す問題もありますのでご注意ください。

◆**「分野」**は、問題の分野を表しています。弊社の問題集の分野に対応していますので、復習の際の目安にお役立てください。

◆一部の描画や工作、常識等の問題については、解答が省略されているものがあります。お子さまの答えが成り立つか、出題者が各自でご判断ください。

◆**〈 時 間 〉**につきましては、目安とお考えください。

◆**［○年度］**は、問題の出題年度です。**［2021年度］**は、「2020年の秋から冬にかけて行われた2021年度志願者向けの考査の問題」という意味です。

◆**学習のポイント**は、指導の際にご参考にしてください。

◆**【おすすめ問題集】**は各問題の基礎力養成や実力アップにご使用ください。

〈本書ご使用にあたっての注意点〉

◆文中に**この問題の絵は縦に使用してください。**と記載してある問題の絵は縦にしてお使いください。

◆**〈 準 備 〉**の欄で、クレヨンと表記してある場合は12色程度のものを、画用紙と表記してある場合は白い画用紙をご用意ください。

◆文中に**この問題の絵はありません。**と記載してある問題には絵の頁がありませんので、ご注意ください。なお、問題の絵の右上にある番号が連番でなくても、中央下の頁番号が連番の場合は落丁ではありません。

下記一覧表の●が付いている問題は絵がありません。

問題1	問題2	問題3	問題4	問題5	問題6	問題7	問題8	問題9	問題10
					●				
問題11	問題12	問題13	問題14	問題15	問題16	問題17	問題18	問題19	問題20
●	●				●		●	●	
問題21	問題22	問題23	問題24	問題25	問題26	問題27	問題28	問題29	問題30
●				●	●				
問題31	問題32	問題33	問題34	問題35	問題36	問題37	問題38	問題39	問題40
●						●			●
問題41									

◎学習効果を上げるため、前掲の「家庭学習ガイド」及び「合格のためのアドバイス」をお読みになり、各校が実施する入試の出題傾向を、よく把握した上で問題に取り組んでください。
※冒頭の「本書ご使用方法」「本書ご使用にあたっての注意点」も併せてご覧ください。

〈桐朋学園小学校〉

2021年度の最新問題

問題1　分野：巧緻性

〈準備〉　ふせん（黄色、桃色、緑色、青色）、ハサミ

〈問題〉　**この問題は絵を参考にしてください。**
①先生と同じようにふせんで丸の形を作ってください。
②ふせんにハサミで切り込みを入れて丸をいくつもつなげてください。つなげる時に同じ色が隣になってはいけません。

〈時間〉　15分

問題2　分野：制作

〈準備〉　ふせん（黄色、桃色、緑色、青色）、画用紙、ハサミ

〈問題〉　**この問題は絵を参考にしてください。**
「○○のもの」を作りましょう（春、夏、海など）。
画用紙（正方形、三角、丸）にふせんを貼って作ってください。
ふせんは切って使っても構いません。
画用紙は1回だけ折ることができます。

〈時間〉　20分

問題3　分野：運動

〈準備〉　跳び箱、でこぼこの平均台、ゴム、フープなど

〈問題〉　**この問題の絵は縦に使用してください。**
この問題は絵を参考にしてください。
「冒険ごっこ」をしましょう。
山コースと川コースがあるので好きなコースを選んでください。
コースの中でも好きなものを選んで進みましょう。
ゴールしたらスタートの場所に戻って、繰り返しやってみましょう。

〈時間〉　適宜

☆桐朋学園小学校

問題1

①

〈見本〉

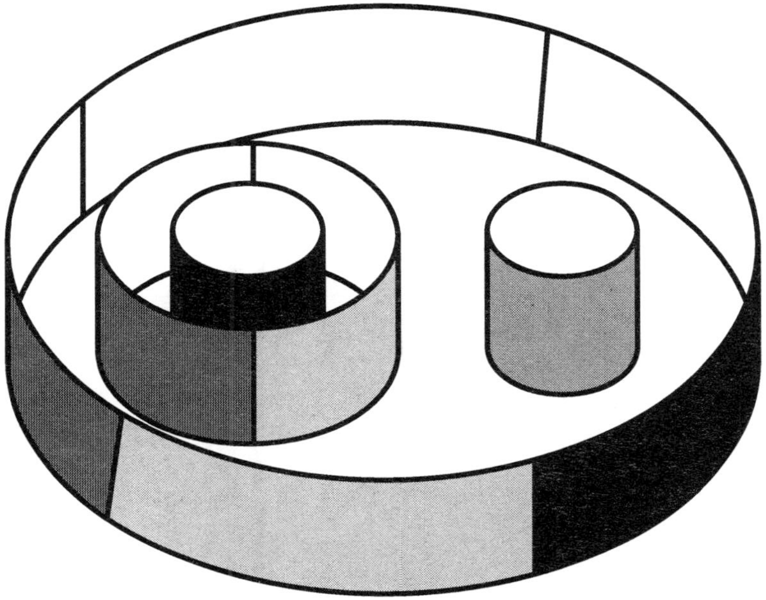

②

〈完成例〉

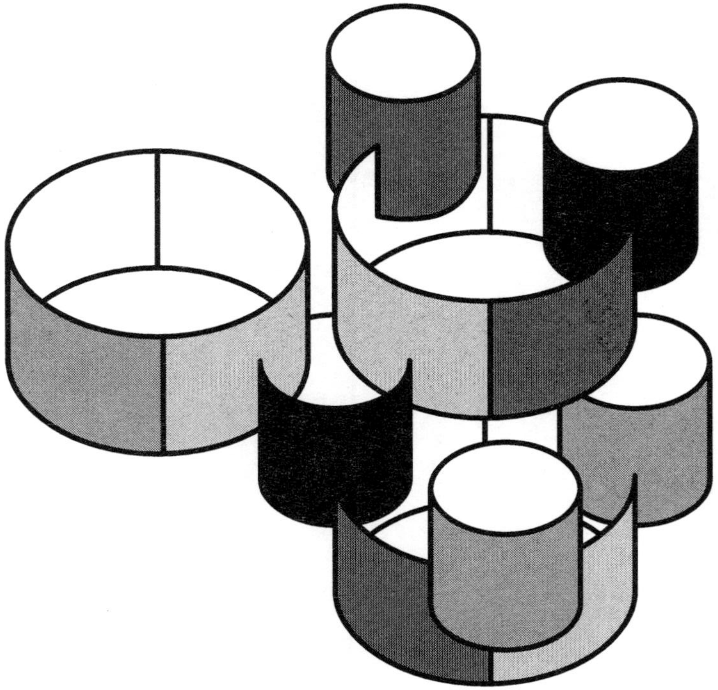

問題2

〈完成例〉　夏のもの（スイカ）

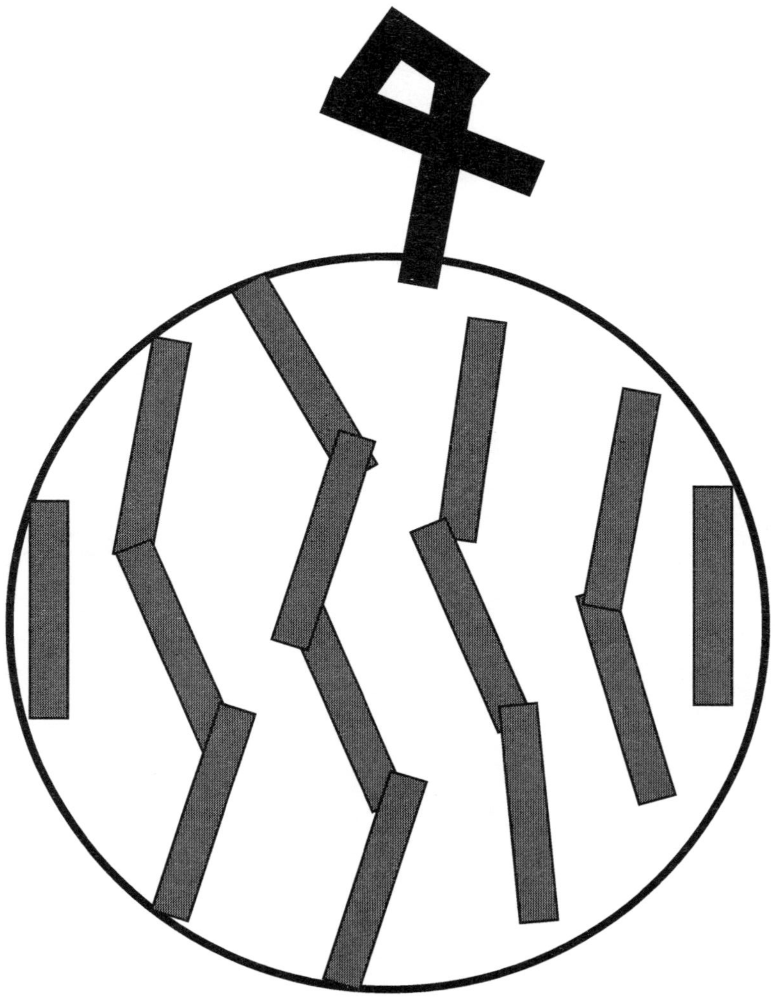

問題3

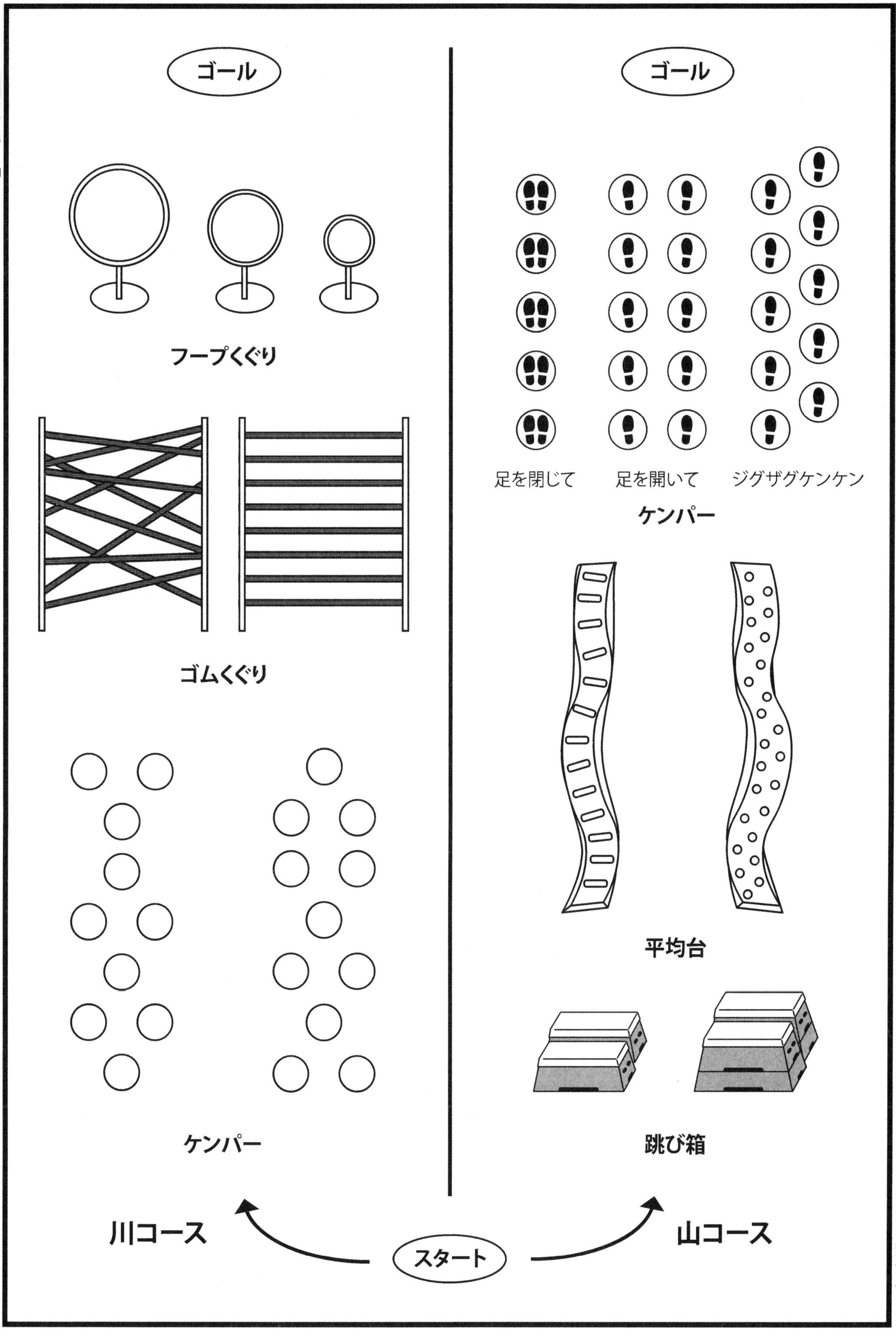
ゴール
フープくぐり
ゴムくぐり
ケンパー
川コース
ゴール
足を閉じて
足を開いて
ジグザグケンケン
ケンパー
平均台
跳び箱
山コース
スタート

2021年度入試
解答例・学習アドバイス

解答例では、制作・巧緻性・行動観察・運動といった分野の問題の答えは省略されています。こうした問題では、各問のアドバイスを参照し、保護者の方がお子さまの答えを判断してください。

問題1　分野：巧緻性

〈解 答〉　省略

①では見本通りに作り、②では指示を守りながら自由に作るという形式です。2020年度の入試では割りピン、今年度はふせんが使われたように、当校ではあまりお子さまになじみのない材料が用いられることがあります。そうした材料をどう使えばよいのかを考えさせることも観点の１つと言えるでしょう。ふせんの特性（一部だけ粘着力がある）が理解できれば、それほど難しいものではありません。指示をしっかり守って、楽しみながら課題に取り組んでいきましょう。試験の形としては巧緻性ですが、指示行動としての側面もあります。2021年度入試は、課題が少なかった分、１つの課題の中に複数の観点があるように感じました。

【おすすめ問題集】
実践 ゆびさきトレーニング①・②・③、Ｊｒ・ウォッチャー23「切る・貼る・塗る」

問題2　分野：制作

〈解 答〉　省略

「○○のもの」を作るというテーマや画用紙の形は、日程によって異なっていたようです。本文では、問題１でふせんに慣れさせて、それをどう使いこなして制作していくのかを観ているように感じます。巧緻性の問題と同様に作業自体の複雑さはありません。比較的自由度の高い制作問題なので、作品の出来を問われるものではありませんが、ていねいさやふせんの特性を活かすことを意識できるとよいでしょう。また、切ったふせんが散らかっていたり、後片付けができていないと高い評価を得ることはできません。制作物だけが評価されるのではないということをしっかりと覚えておきましょう。

【おすすめ問題集】
実践 ゆびさきトレーニング①・②・③、Ｊｒ・ウォッチャー23「切る・貼る・塗る」

問題3　分野：運動

〈解 答〉　省略

サーキット運動ではありますが、コースが２つあり、コースの中にも選択肢があります。何度も繰り返しできるので、どちらのコースを選ぶのか、どの選択肢を選ぶのかというところも観られていると考えられます。うまくできなかったことにもう１度チャレンジするのか、毎回違った選択肢を選ぶのか、ずっと同じコースを選ぶのかなど、お子さまの性格が観られていると言えるでしょう。お子さまにとっては楽しい課題なので、夢中になって本来の性格が出てしまうかもしれません。そういった意味では、運動テストではありますが、行動観察の要素もある、というよりは運動テストの形をとった行動観察と言えるではないでしょうか。

【おすすめ問題集】

新運動テスト問題集、Ｊｒ・ウォッチャー28「運動」、29「行動観察」

問題4　分野：行動観察（座標）

〈準備〉　磁石（赤、黄、青、白／各5個程度）

〈問題〉　①（問題4－1の左の絵を見せる）
絵を見てください。同じように右の絵に磁石を置いてください。
②（問題4－2の左の絵を見せる）
絵を見てください。赤の磁石はそのままで、青の磁石が置かれているところには黄色、黄色の磁石が置かれているところには青色に変えて右の絵に磁石を置いてください。
③（②で使った右の絵をそのままにする）
今、置いた磁石を確認してください。赤の磁石が3カ所置かれています。それらが置かれている間の線に赤以外の磁石をすき間なく置いていきましょう。同じ色の磁石が連続しないように置いてください。

〈時間〉　30分程度

〈解答〉　①省略　②③下図参照

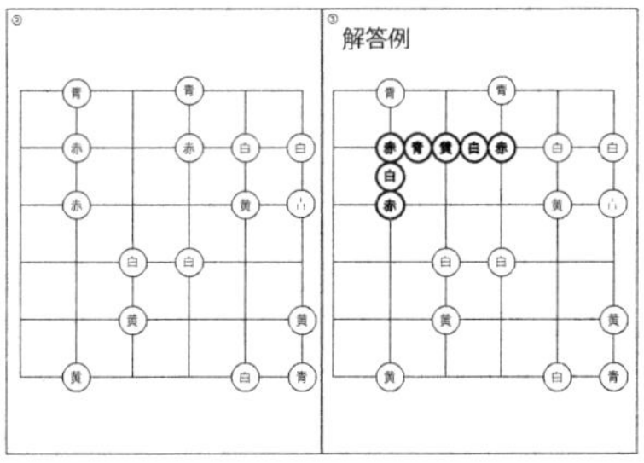

［2020年度出題］

学習のポイント

当校の行動観察の問題は、一般的なそれとは少し異なっています。ペーパーテストで出題されるような要素が含まれる、独特な形式になっているからです。ノンペーパーテスト形式ではありますが、ペーパー学習もしておく必要があるということです。この問題は、図形分野に属する座標の問題です。見本通りに磁石を置くことができるかどうかが問われているので、内容自体はあまり難しくないでしょう。②は置き換えの考え方が加わるので、指示に対する理解力も観られています。③も赤の磁石の間に、連続しないように別の色の磁石を並べるという約束を理解する力が求められています。つまり、指示をよく聞き、提示されている約束を理解できるかを大切にしたい問題だと言えます。

【おすすめ問題集】
Ｊｒ・ウォッチャー２「座標」

問題5　分野：制作

〈準 備〉　ハサミ、割りピン（２つ）、穴あけパンチ（１つ穴用）

〈問 題〉　**この問題は絵を参考にしてください。**
（問題５－２の絵を渡す）
①紙に書かれている太線をハサミで切ってください。太線が見えるように切りましょう。
（問題５－１の絵を見せる）
②絵のように切り取った紙の黒い●を重ねて、穴あけパンチで穴を開けてください。
③開いた穴に割りピンを刺し、留めてください。

〈時 間〉　20分

〈解 答〉　省略

［2020年度出題］

学習のポイント

制作の問題です。ハサミで切り取ったパーツを重ねて、穴あけパンチで穴を開け、それを割りピンで留めるという問題です。複雑な指示ではありません。よく聞いて作業を進めていけば難しくありません。しかし、ふだんの生活の中でよく使う道具ではありませんから、道具自体にとまどうお子さまもいらっしゃるでしょう。学校としてもはじめて見た道具を使いこなせるかどうかを観ていると思ってください。もちろん、どのように道具を使うかは作業前にあらかじめ説明があります。ただ、これらの道具を使った経験があることに越したことはありません。何事も経験です。さまざまなものに触れさせてみましょう。

【おすすめ問題集】
実践 ゆびさきトレーニング①・②・③、Ｊｒ・ウォッチャー23「切る・貼る・塗る」

問題6　分野：制作

〈準 備〉　穴あけパンチ、のり、ハサミ、モール（３本）、
画用紙（緑、青、茶／２枚ずつ）など

〈問 題〉　**この問題の絵はありません。**
問題５で作ったものを活かして、自由に制作しましょう。
準備されたものから何を使っても構いません。

〈時 間〉　40分

〈解 答〉　省略

［2020年度出題］

学習のポイント

問題5で作ったものを発展させて、自由に制作する課題です。「○○を作ってください」という指示がなく、お子さまが制作物を決めるといういわゆる「自由行動」の課題です。すぐに課題に取り組める子もいれば、ずっと悩んでしまう子もいると思います。こういった課題では、作品の出来が合否に直接影響するとは考えにくいでしょう。大切なのは「自由に」作れるかということです。「自由に」と言われたときに、すぐ作るものを想像できるか、それを形にできる巧緻性（表現力）が備わっているか、などを観察してみましょう。自由であることは、正解がないということです。正解がない分、できることの幅は広がりますが、それだけふだんの経験値が見えてくるものです。お子さまを取り巻く環境を客観的に評価してみてください。

【おすすめ問題集】
　実践 ゆびさきトレーニング①・②・③、Ｊｒ・ウォッチャー23「切る・貼る・塗る」

問題7　分野：行動観察

〈準備〉　テープ
（あらかじめ床に◇の形にテープを貼る／１辺の長さは約10m）

〈問題〉　この問題は絵を参考にしてください。
①線の上に並んでください。正面にいるお友だちに背を向けるように立ってください。
②みんなで歌を歌って、ゆっくり後ろ歩きでダイヤモンドの真ん中に進んでください。背中が向かい合わせになったら、先生が歌に合わせて体の部分を言うので、ほかのお友だちと先生が歌った体の部分をくっつけてください。
では始めます。
③みんなで「くっついた、くっついた～、どことどこがくっついた～」と歌う。
先生が「手と手がくっついた」と歌うので、近くのお友だちといっしょに手と手をくっつける。これを２回ほど繰り返す。
※体の部分は背中、足などに変更する。

〈時間〉　30分

〈解答〉　省略

［2020年度出題］

家庭学習のコツ①　「先輩ママのアドバイス」を読みましょう！

本書冒頭の「先輩ママのアドバイス」には、実際に試験を経験された方の貴重なお話が掲載されています。対策学習への取り組み方だけでなく、試験場の雰囲気や会場での過ごし方、お子さまの健康管理、家庭学習の方法など、さまざまなことがらについてのアドバイスもあります。先輩ママの体験談、アドバイスに学び、ステップアップを図りましょう！

学習のポイント

この課題は入試２日目に行われました。この問題の指示は複雑ではないので、何かを考えながらこなすような特別な課題ではありません。楽しみながら取り組めればよいでしょう。ただ、集団での課題ですから、自分だけが楽しむというのではなく、ほかのお友だちもいっしょに楽しめる配慮は必要でしょう。例えば、後ろ向きで歩く際に、隣のお友だちの歩幅に合わせてあげられるか、不意にぶつかってしまった時に「ごめんね」と言えるか、というようなことです。また、おとなしいのはダメというわけでもありません。全く参加しようとしなかったり、泣いてしまうようなことがなければ大丈夫でしょう。

【おすすめ問題集】

Ｊｒ・ウォッチャー29「行動観察」

問題8　分野：行動観察

〈準 備〉　うちわ（オレンジ１枚、水色３枚、ピンク４枚）、テープ（スタートの線とゴールの線を作る／間隔20メートルほど。四角３つを作る／間隔約５ｍほどで左右真ん中に散らばるように）、箱１つ（ゴールに置く）、紙ふうせん

〈問 題〉　この問題は絵を参考にしてください。

①お友だちと４人組のチームを作りましょう。
②先生に呼ばれ、風を起こすチームと紙ふうせんを風から守りながら移動するチームに分かれます。
③紙ふうせんを風から守りながら移動するチームの人たちは、オレンジのうちわ１枚と、水色のうちわ３枚をそれぞれ誰が持つか決めてください。風を起こすチームの人は、ピンクのうちわをそれぞれ１枚持ってください。
④紙ふうせんを移動するチームはオレンジのうちわに紙ふうせんを乗せます。水色のうちわの人は、ピンク色のうちわを持った人が風を起こして邪魔してくるので、紙ふうせんを守るようにオレンジ色のうちわを持った人をゴールまで誘導して、箱の中へ入れてください。
※チーム内で３～４回役割を変えて、その後にチームも変える。

〈時 間〉　５分

〈解 答〉　省略

［2020年度出題］

学習のポイント

この課題はゲーム感覚で楽しめる形式になってます。結果が明確にわかる課題なので、お子さまが結果にこだわりすぎて、やけになったり、負けて駄々をこねたり、役割を譲らなかったりといった、周りのお友だちに迷惑をかける行為は減点の対象になるでしょう。なぜならここで観られているのは、チームの勝敗ではなく、チームのためにどういう働きをするかどうかです。チームが勝つためにどうしたのか、チームメイトと楽しむためにどう動いたか、そういったところを学校は評価します。

【おすすめ問題集】

Ｊｒ・ウォッチャー29「行動観察」

問題9　分野：制作

〈準 備〉　紙皿（底の浅いものと深いもの２種類）、色画用紙（赤・黒など／適宜）、モール（赤・緑など／２種類以上）、洗濯バサミ（適宜）、紙テープ（適宜）、画用紙（適宜）、スティックのり、ハサミ、クレヨン
※以上のものを机にあらかじめ置いておく。底の深い紙皿にはイラストを参照して、あらかじめ切れ込みを入れておく。

〈問 題〉　**この問題は絵を参考にしてください。**
①底の浅い紙皿の点線部分をハサミで切ってください。
②（問題９の絵を見本にして）切った紙皿を組み合わせてください。
③②でできたものに絵を描いたり、塗ったりして「あなたが好きなもの」を作ってください。ただし、洗濯バサミとモールは必ず使ってください。

〈時 間〉　30分程度

〈解 答〉　省略

［2019年度出題］

学習のポイント

当校の制作問題は、ただ指示に従って行えばよいというものではなく、発想力も必要です。この問題でも、事細かに作るものが指定されているわけではありません。与えられた材料を組み合わせて、年齢相応のアイデアを結果（制作物）として見せる必要があります。小学校受験では制作物の良し悪しは評価されず、指示に忠実であれば問題ないケースが多いのですが、当校はそうではありません。ここでは、「あなたが好きなものを作る」という課題です。少なくとも「制作したものが何かがわかる」程度の完成度は必要でしょう。また、自由に作ってよいと言いながらも、材料に指定があるので、あらかじめその部品をどこに使うかをイメージしておくといった計画性も必要です。対策としては、ふだんの工作から、完全に自由に制作を行うのではなく、ある程度完成図をイメージすること、そして、必要な材料と手順を漠然とで構わないので作業の前に考えておく習慣を身に付けておくことでしょう。

【おすすめ問題集】
実践 ゆびさきトレーニング①・②・③、Ｊｒ・ウォッチャー23「切る・貼る・塗る」

問題10　分野：制作

〈準 備〉　ストロー（太いもの／１本）、モール（１本／30cm程度）、板（穴が９カ所あるもの）

〈問 題〉　（問題10の絵を見せる）
①左の四角に描いてあるようにしてください。
②右の四角に描いてあるようにしてください。

〈時 間〉　10分

〈解 答〉　省略

［2019年度出題］

学習のポイント

巧緻性（手先の器用さ）が観点になっている制作の課題です。前問と違い、創造力を発揮する場面はありませんから、行動観察の意味合いが強い問題と言えます。当校はペーパーテストがなく、制作と行動観察で志願者を評価します。誰でもができるような制作だと志願者同士で差がつかないせいもあるのか、志願者には難しいと思える作業が課題になることがあります。見本の示し方も、出来上がったものを見せるというやり方です。この方式だと、プロセスも想像しなければならないので、こうした作業の経験が少ないお子さまにはさらに難しかったかもしれません。前問でも少し述べましたが、当校の制作問題には「考えさせる要素」が必ず入っているので、単に課題になったことがあるものを手とり足取り作らせても効果的な対策学習になっているとは言えません。保護者の方が、当校の入試の観点を知り、お子さまに的確な課題を与えるようにしてください。

【おすすめ問題集】

実践 ゆびさきトレーニング①・②・③、Ｊｒ・ウォッチャー23「切る・貼る・塗る」

問題11　分野：行動観察

〈準 備〉 新聞紙（適宜）
※10人程度のグループで行う。
※新聞紙を１人１枚持ち、テスターを中心にして各自が広げ、その上に立つ。

〈問 題〉 この問題の絵はありません。
①これから私とジャンケンをして、負けた人は新聞紙を半分に折って、次のジャンケンまで待っていてください。
②自分の立つ場所がなくなったら、まだ立つ場所のあるお友だちに「入れて」と言ってから移ってください。
③立つ場所がなくなった人が出たら終わりです（数回ジャンケンを行う）。

〈時 間〉 問題12と合わせて60分

〈解 答〉 省略

［2019年度出題］

学習のポイント

行動観察では、集団で課題に取り組む中でどのように振る舞うかが観られます。まずは先生の指示をしっかりと聞き、課題に取り組みましょう。指示の理解、協調性、積極性など評価のポイントはさまざまですが、目的は「入学してから問題なく学校生活が送れるかを能力面・情操面でチェックする」の１つだけです。保護者の方は、教師にお子さまの行動がどのように映るのかを考えて、こうした課題に取り組ませ、評価してください。もちろん、お子さまに「どのような印象を持たれるかを考えて行動しなさい」と言っても、ほとんどのお子さまには無理です。マナーやルールを守らせること、思いやりを持ってコミュニケーションをとることを生活の中でお子さまに意識させ、結果的によい評価をされる行動をするようにお子さまを導くしかありません。

【おすすめ問題集】

Ｊｒ・ウォッチャー29「行動観察」

問題12　分野：行動観察

〈準 備〉　新聞紙（適宜）、箱
※５人程度のグループで行う。
※１枚の新聞紙を丸め、ボール状にしておく。

〈問 題〉　この問題の絵はありません。
①新聞紙の両端を持って、その上にボール（新聞紙を丸めたもの）を載せ、次の人に渡してください。渡す時はボールに触れてはいけません。
②ゴールまで渡し終えたら、ボールをゴールにある箱に入れてください。（５つ程度箱に入れたら終了）

〈時 間〉　問11と合わせて60分

〈解 答〉　省略

[2019年度出題]

学習のポイント

こうしたゲームのような課題を行う時、お子さまによっては、ついむきになってしまうこともあるかもしれませんが、余程でなければ結果は評価の対象にはならないので、気にしないようにしましょう。ここでの評価の対象は、ほぼ協調性のみと考えてください。例えば、ボールを渡す時は「手を使わないで」という指示はもちろん守らなければなりませんが、相手のことを気遣って、やりやすいようにボールを渡しているかということが評価されるのではないでしょうか。当校入試の行動観察は、グループで行われるものとそうでないものがありますが、グループで行われるもののほとんどは協調性を観点としたもので、なおかつコミュニケーション能力を測るものです。言葉にしろ、行動にしろ相手を気遣うことができているかが問われています。ただし、出来は評価されないと言っても年齢相応の体力がないと思われるのはよくありません。悪目立ちしない程度に、体力はつけておきましょう。

【おすすめ問題集】
Ｊｒ・ウォッチャー29「行動観察」

家庭学習のコツ②　「家庭学習ガイド」はママの味方！

問題演習を始める前に、試験の概要をまとめた「家庭学習ガイド（本書カラーページに掲載）」を読みましょう。「家庭学習ガイド」には、応募者数や試験科目の詳細のほか、学習を進める上で重要な情報が掲載されています。それらの情報で入試の傾向をつかみ、学習の方針を立ててから、対策学習を始めてください。

問題13　分野：行動観察

〈準 備〉　板（穴が16カ所あるもの）、爪楊枝（２本）、色画用紙（赤・青）、矢印が書いてある紙、タンバリン
※問題13の絵を参考にして、爪楊枝と色画用紙で「旗」を作っておく。
※板と「旗」をあらかじめ渡しておく。
※矢印を書いた紙は、志願者の見える位置でテスターが持っておく。

〈問 題〉　**この問題は絵を参考にしてください。**
①（矢印を下向きにして）
今から先生がタンバリンを打った回数だけ、スタートから矢印の方向へ行ったところに青い旗を立ててください（タンバリンを３回叩く）。
②（矢印を右向きにして）
同じように赤い旗を立ててください（タンバリンを３回叩く）。
③（矢印を右向きにして、タンバリンを３回叩いた後、矢印を上向きにして２回叩く）今タンバリンを叩いたように青い旗を動かしてください。

〈時 間〉　５分

〈解 答〉　省略

［2019年度出題］

学習のポイント

内容はともかく、指示は複雑なので、よく聞いておかないとどうしてよいのかわからなくなりそうです。言わずもがなのことですが、指示は注意して聞きましょう。ここではグループ対象の行動観察とは違い、指示を理解するだけのコミュニケーション能力が観点です。座標について知っていればもっとわかりやすくなるかもしれませんが、必須ではなく、説明をよく聞けば理解できる程度の課題です。当校の入試では行動観察で３つの課題がありますが、うち１つがこのような個人の能力を観点としたものです。他校の口頭試問のように常識などの年齢相応の知識を聞くわけではなく、パズルや積み木など思考力を問う課題が出題されることが多いので、こうしたものを基礎から応用まで、実物を使って学んでおきましょう。そういった分野のペーパーテストの問題を解いてもよいですが、入試でまごつかないようにするためには、やはり実物を使った方がよいでしょう。

【おすすめ問題集】
Ｊｒ・ウォッチャー２「座標」、29「行動観察」

家庭学習のコツ③　効果的な学習方法～問題集を通読する

過去問題集を始めるにあたり、いきなり問題に取り組んではいませんか？　それでは本書を有効活用しているとは言えません。まず、保護者の方が、すべてを一通り読み、当校の傾向、ポイント、問題のアドバイスを頭に入れてください。そうすることにより、保護者の方の指導力がアップします。また、日常生活のさまざまなことから、保護者の方自身が「作問」することができるようになっていきます。

問題14　分野：口頭試問・図形（パズル）

〈準　備〉　折り紙（赤10枚・青10枚／５cm×５cm程度の大きさ。問題14－１の絵を参考に切り込みを入れておく）

〈問　題〉　（問題14－１の絵を見せ、折り紙を１色ずつ取る。切り込みで組み合わせる見本を見せる）
①お手本を見せます。このように、赤と青の折り紙を１枚ずつ取り、切り込みで組み合わせてください。模様ができます。組み合わせたまま片方の紙を回すと、模様が変わります。
同じようにして、絵の下の段に描いてある模様を作ってください。
（問題14－２の絵を見せる）
②③折り紙を組み合わせて模様を作り、絵のように並べてください。

〈時　間〉　30分

〈解　答〉　省略

［2018年度出題］

学習のポイント

折り紙を組み合わせるパズルの問題です。見本と同じ模様を作ることができる観察力と同時に、組み合わせたまま紙を回す手指の器用さ、回すことによってどんな模様を作ることができるかを想像する力なども観られています。指示が少し難しく、折り紙で作るパターンが多い、難易度が高めの問題となっています。パズルの問題にしても、指先の器用さを観る問題にしても、実際に具体物を使って行う練習は大変有効です。感覚をつかむまで練習量が必要となる分野ですが、本問のように折り紙を使ったり、模様が変わる様子を目の前で見せてあげることなどで興味を高めることができるでしょう。また、準備の段階で、折り紙にはさみで切り込みを入れる作業をいっしょに行うことで、当校で例年行われている制作の問題の練習にもなります。安全には充分に注意しながら、積極的にハサミを使う練習も行うようにしましょう。

【おすすめ問題集】
Ｊｒ・ウォッチャー３「パズル」

問題15　分野：制作・巧緻性

〈準　備〉　楕円形の発泡スチロールのトレイ、モール（20本程度）、ストロー、色画用紙、花紙、ハサミ、スティックのり、セロテープ、爪楊枝（トレイに穴をあける際に使うことを説明する）

〈問　題〉　この問題は絵を参考にしてください。
「海の生きもの」と言われて思いついたものを作りましょう。

〈時　間〉　約30分

〈解　答〉　省略

［2018年度出題］

学習のポイント

制作の課題です。別グループでは、同じ材料・道具を使って、「雲の上にいるもの」を制作するという課題が出されました。題材・材料の使い方ともに自由度が高くなっています。そのため、何を作ったらよいか戸惑ってしまうかもしれません。雲を見上げて「何の形に見える」と聞いたり、落ちている石を「～の形に似ているね」などと声をかけることで、１つの形から別のものを想像するよう促していきましょう。また、スティックのりやセロテープなどは制作の問題では頻出ですし、逆に薄い花紙などははじめて見る素材かもしれません。はじめて目にする素材に戸惑ったりしないよう、制作問題の練習や日頃の遊びの中で、さまざまな素材に触れさせておくのがよいでしょう。

【おすすめ問題集】
実践 ゆびさきトレーニング①・②・③、Ｊｒ・ウォッチャー23「切る・貼る・塗る」

問題16　分野：行動観察

〈準 備〉　光る素材の宝石のおもちゃ（手のひら大／10個程度）を別々の場所に隠しておく

〈問 題〉　この問題の絵はありません。
お友だちといっしょに、隠されているダイヤモンド（宝石のおもちゃ）を探してください。

〈時 間〉　約15分

〈解 答〉　省略

［2018年度出題］

学習のポイント

グループで行う集団遊びです。グループによっては、ダイヤモンドではなく、ミニチュアから子どもが入れるくらいの大きさの、大小さまざまな「お家」を探すゲームが行われました。実際の入試では、まず教室に集合して３人１グループを作り、その後校舎の中庭に移動してゲームが行われました。はじめて顔を合わせたお友だちとの協調が観点と考えられます。グループ内・外を問わず、１人でいる子に声をかけたり、またほかのお友だちと意見が分かれた時に高圧的にならずに話し合ったりといった、年齢相応の社会性を身に付けておく必要があります。ふだんから気を付けるようにしていても、ゲームが盛り上がり楽しくなってくると、ついそういった気遣いを忘れてしまいがちになります。ゲームの中に、ほかのグループとの競争の要素があるのは、そうした場面を生みやすい状況を作るため、とも考えられます。ゲーム自体は楽しみながらも、常に「いっしょに遊んでいるお友だちがいる」ことを忘れないよう、日頃のお友だちとの遊びの中で指導してください。

【おすすめ問題集】
新口頭試問・個別テスト問題集、Ｊｒ・ウォッチャー29「行動観察」

問題17　分野：行動観察

〈準 備〉　ゴムひも、帽子、野菜やくだもののおもちゃ

〈問 題〉　**この問題は絵を参考にしてください。**
みんなで「あおむしごっこ」をします。
・お友だちと2人組を作ってください。2人で話し合って前と後ろを決めてゴムひもの輪に入り、前になった子は帽子をかぶってください。3組で1チームです。
・帽子をかぶった子は、反対のチームの帽子をかぶったお友だちとジャンケンをします。
・ジャンケンで勝ったら、前の子と後ろの子が交代します。2人ともジャンケンに勝ったら、テーブルの上のごちそう（おもちゃ）をもらって自分のチームに戻ってください。
・チームに戻ったら、別のお友だちと2人組を作って、また列に並んでください。
・（ゲームがある程度進んだところで）ルールを変えます。ジャンケンに2回負けた方がごちそうをもらえます。続けてください。

〈時 間〉　約30分

〈解 答〉　省略

［2018年度出題］

学習のポイント

集団遊びの様子を観る行動観察の問題です。ルールをよく聞いて理解しているかが最大の観点と思われます。入試の際、別のグループでは、同じくルールによって役割が細かく指示され、途中で役割が変更される「警察と泥棒」ゲームが行われました。いずれもルールがやや複雑なため、何を行えばよいか、何を行ってはいけないかを最後まで聞いて理解しなければなりません。途中、盛り上がってきた頃にルールの変更があるのも、ゲームの楽しさにのめりこみ過ぎて話を聞くことができなくなっていないかを観るためと考えられます。また、前問と同じく本問でも「競争」「勝負」の要素が入っています。ゲームに勝つためにルール違反をしないか、スタンドプレーをしてお友だちをほったらかしにしていないか、失敗したお友だちを不必要に責めたりしないかなど、協調性もやはり観られています。日常生活の中でこのような傾向が見られた際は、それがいけないことであることを指摘すると同時に、「なぜいけないことなのか」もいっしょに説明するようにしてください。

【おすすめ問題集】
新口頭試問・個別テスト問題集、Ｊｒ・ウォッチャー29「行動観察」

問題18　分野：行動観察

〈準 備〉　ゴムひも（長さの異なる輪にしておく）

〈問 題〉　この問題の絵はありません。
みんなで、ゴムの輪で遊びます。12人のお友だちでゴムの輪の内側に入ってください。入ったら、全員で１列に並んでください。
（だんだんとゴムひもを短くしていきながら繰り返す）

〈時 間〉　約30分

〈解 答〉　省略

［2018年度出題］

学習のポイント

ゲーム形式の行動観察では、周りのお子さまの行動に影響されて、ルールを破ったり、騒いでしまうことがあるかもしれません。ふだんのお友だちとの遊びの中で、常にいっしょにいるお友だちや周囲の人のことを頭の片隅におくように指導していく必要があります。仲間に入れず困っている子がいたら、誘っていっしょに遊んだ方がもっと楽しいこと、ルール違反は成功を台無しにしてしまうことなどを日頃から繰り返し教えなければなりません。当校の試験は、お子さまが楽しく試験を受けられるよう随所に工夫がありますが、それだけに、他人に迷惑はかけないという配慮が必要です。

【おすすめ問題集】
新口頭試問・個別テスト問題集、Ｊｒ・ウォッチャー29「行動観察」

家庭学習のコツ④　効果的な学習方法～お子さまの今の実力を知る

１年分の問題を解き終えた後、「家庭学習ガイド」に掲載されているレーダーチャートを参考に、目標への到達度をはかってみましょう。また、あわせてお子さまの得意・不得意の見きわめも行ってください。苦手な分野の対策にあたっては、お子さまに無理をさせず、理解度に合わせて学習するとよいでしょう。

☆桐朋学園小学校

問題４－１

①

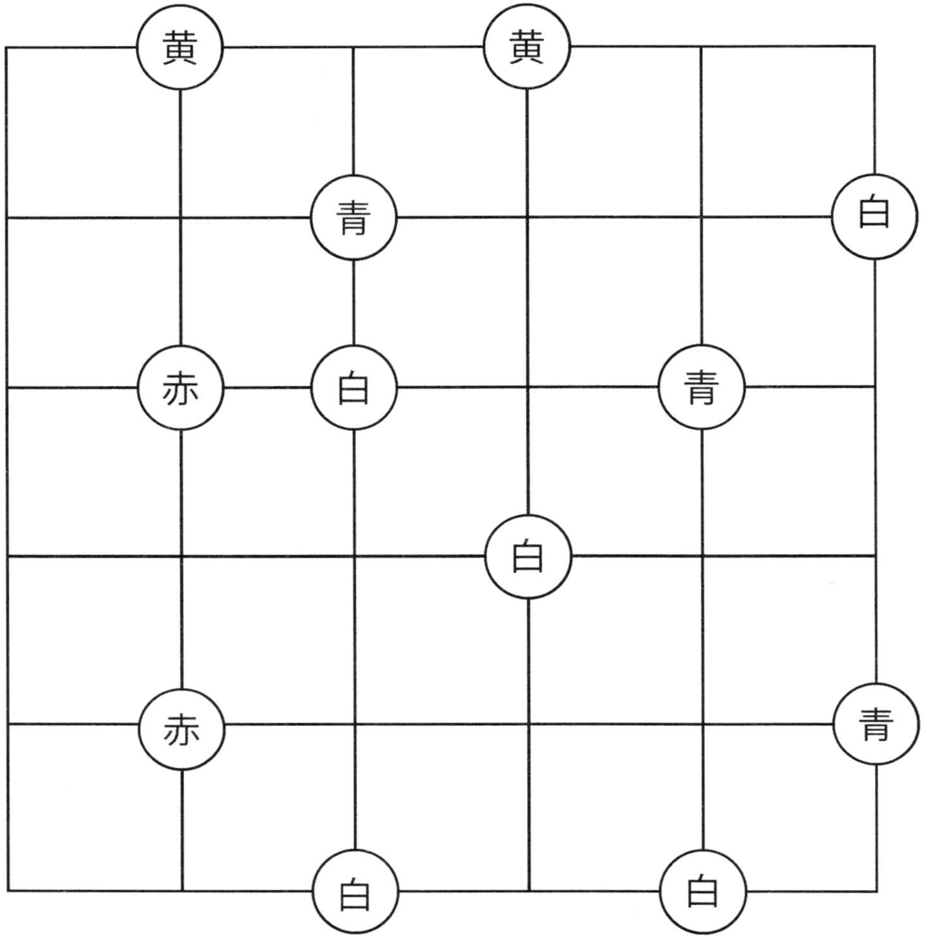

問題４－２

②

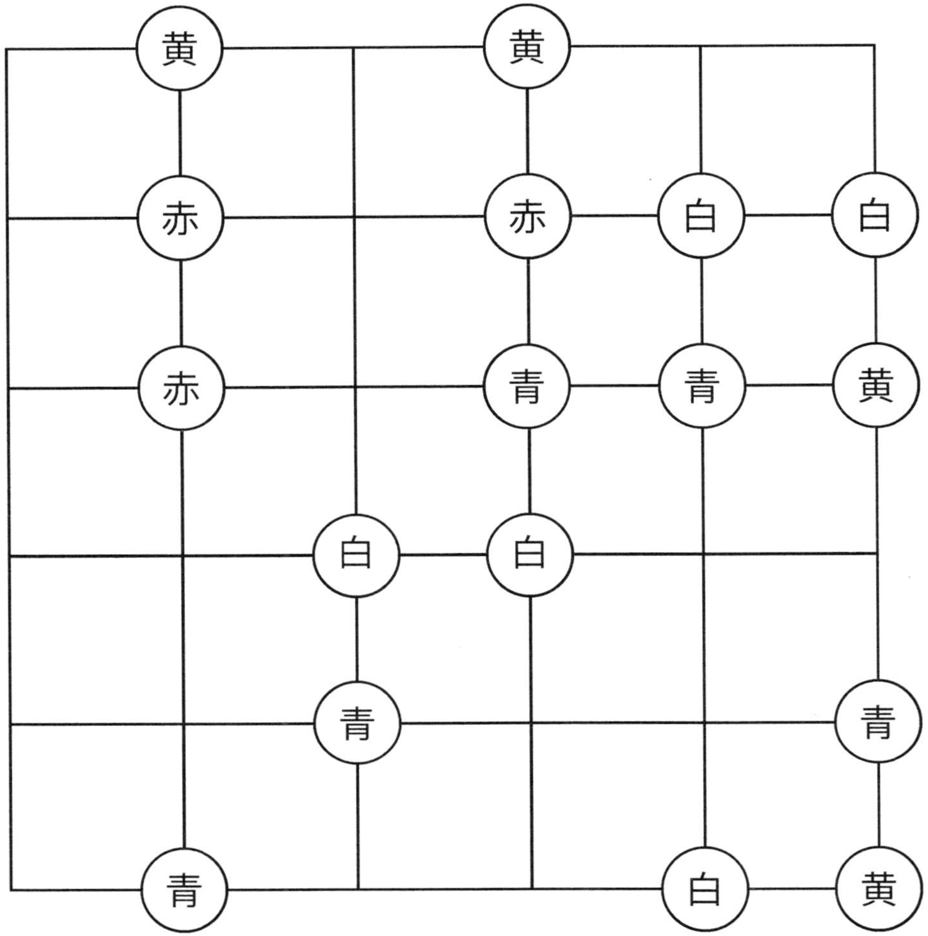

③

問題５－１

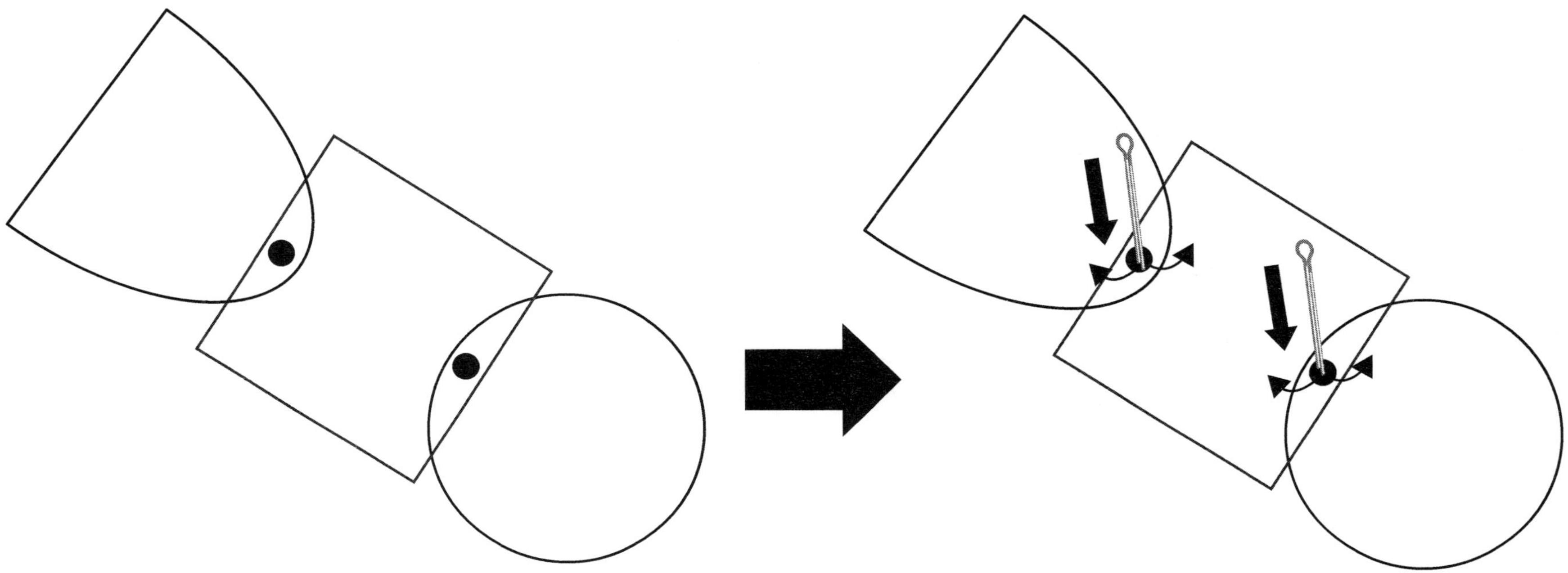

①問題２-２で切り取った紙のパーツを
合わせて、穴あけパンチで穴を開ける。

② ①で開けた穴に割りピンを刺し、折り曲げて留めます。

☆桐朋学園小学校

2022 年度版 桐朋学園・桐朋小 過去 無断複製／転載を禁ずる　　日本学習図書株式会社

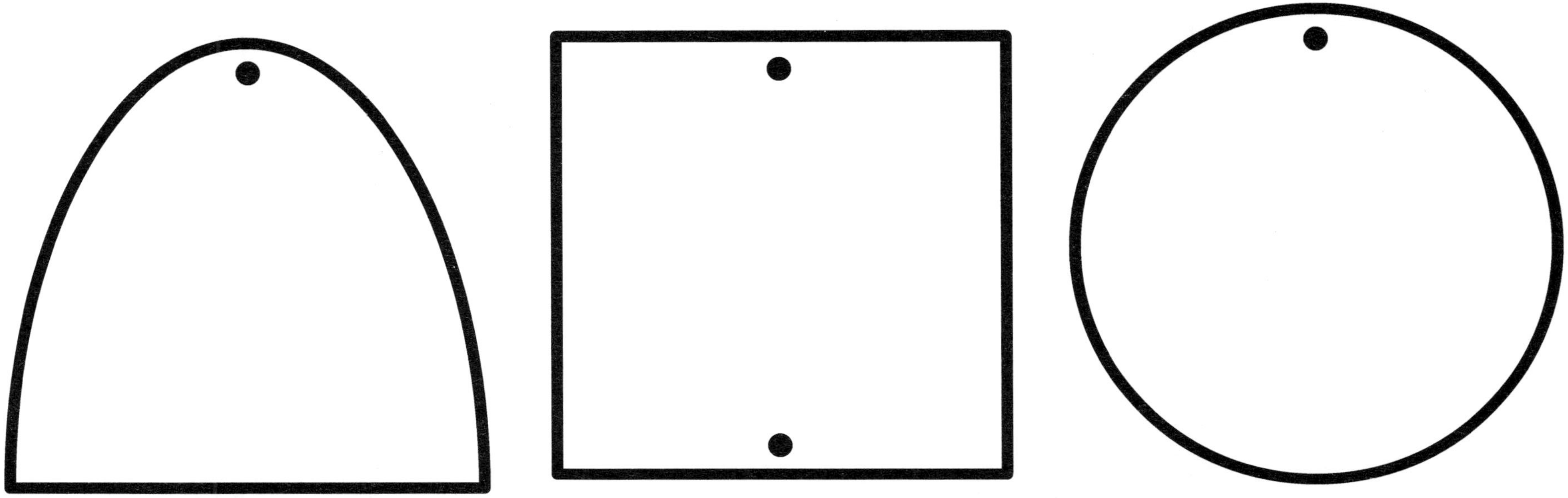

問題７

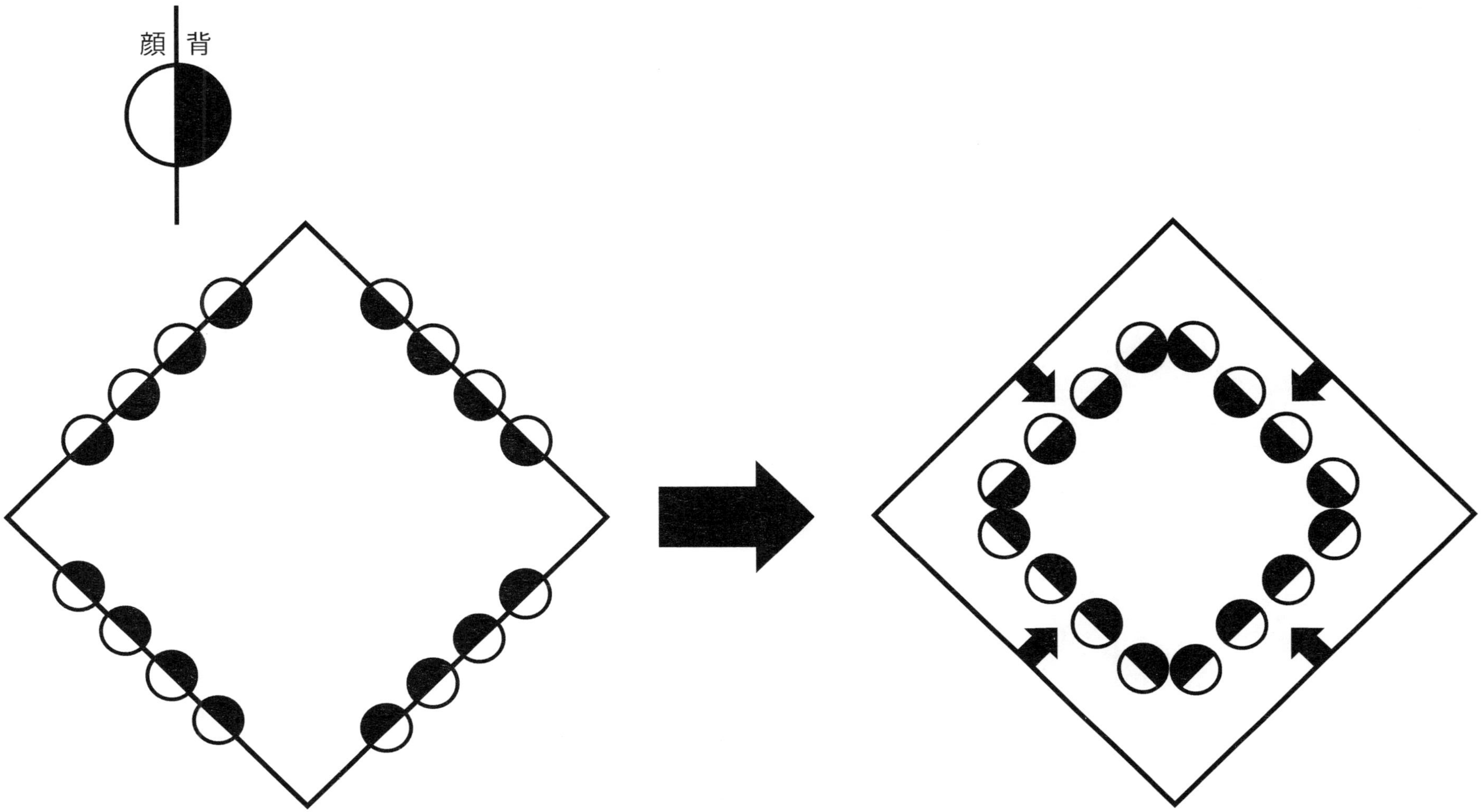

①線の上に立ちます。

②先生が歌ったら、みんなで歌い、
後ろ歩きで下がります。
そして、先生が体の部分を言うので、
その体の部分を近くのお友だちとくっつけます。

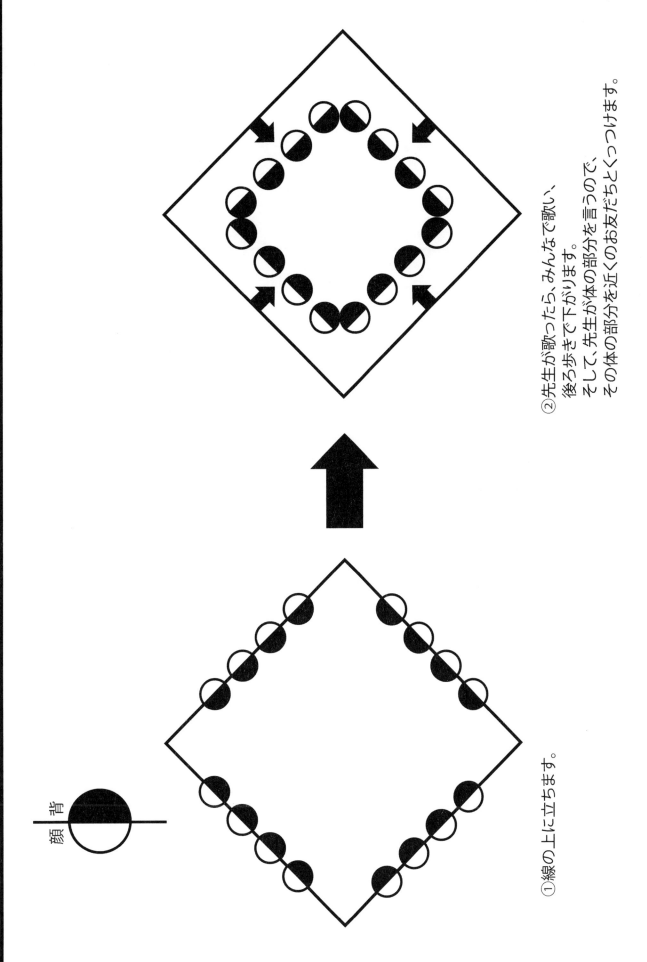

問題8

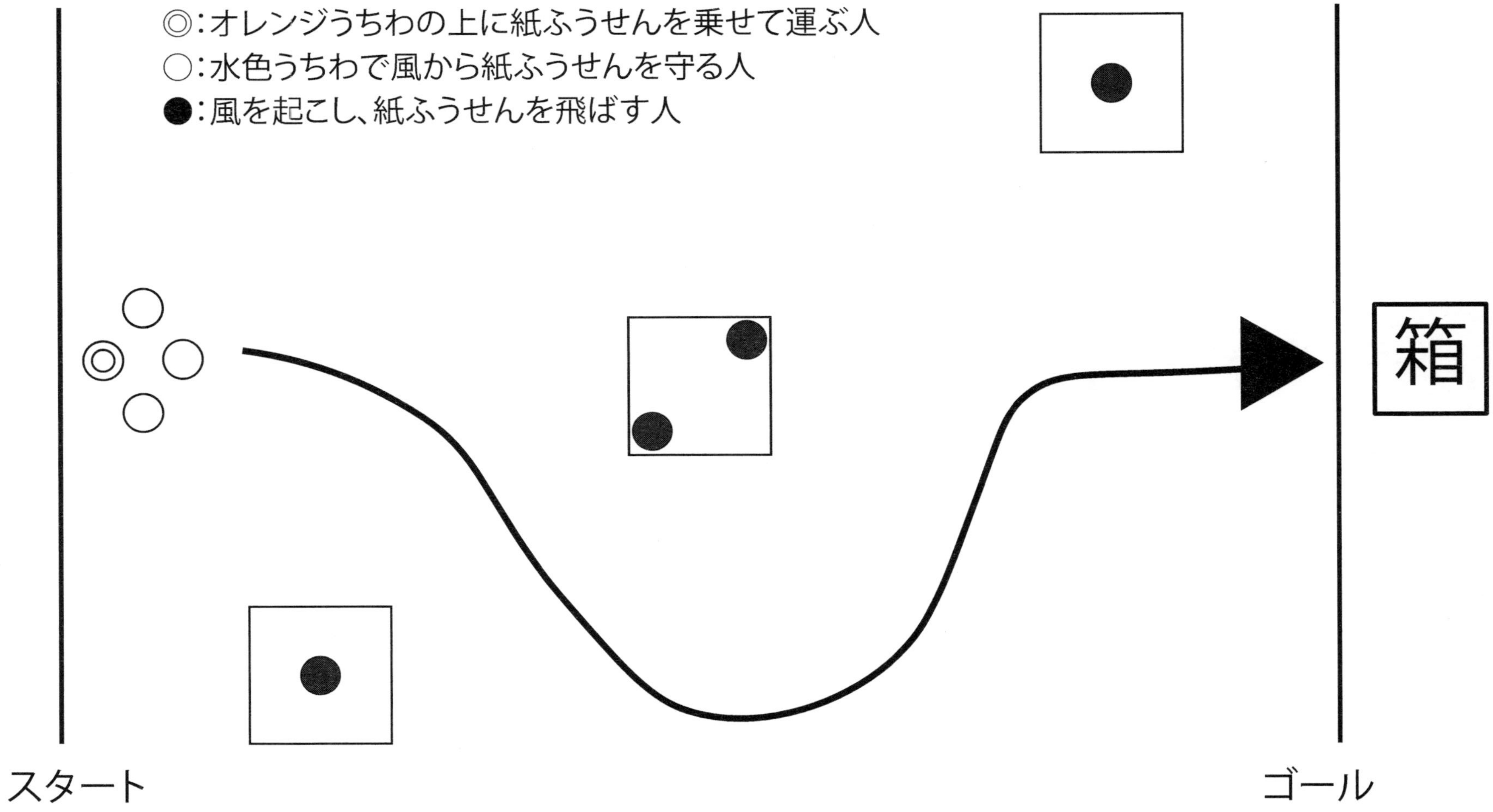
◎：オレンジうちわの上に紙ふうせんを乗せて運ぶ人
○：水色うちわで風から紙ふうせんを守る人
●：風を起こし、紙ふうせんを飛ばす人
箱
スタート
ゴール

問題9

①点線部分をハサミで切る。

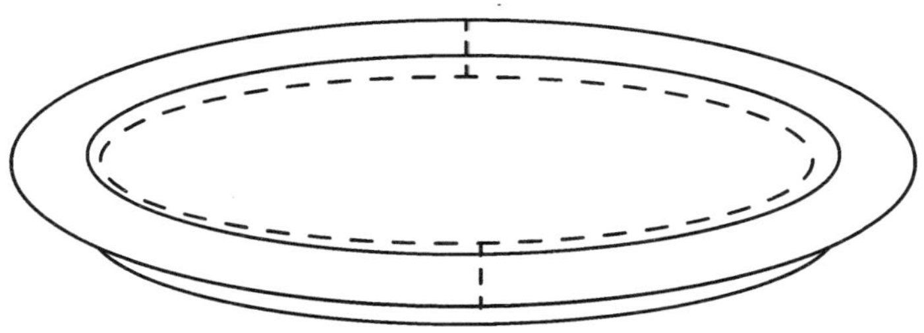

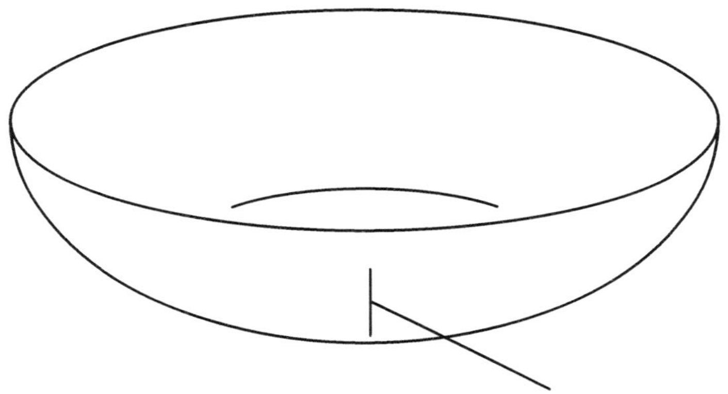

あらかじめ切り込みを入れておく。

②①作ったものを組み合わせる

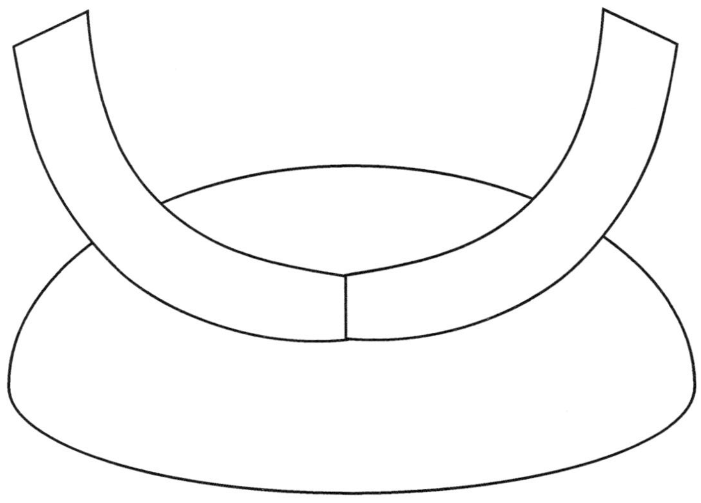

③②にクレヨンなどで絵を描く。
またはモールなど飾り付ける。

日本学習図書株式会社

☆桐朋学園小学校

問題１０

①

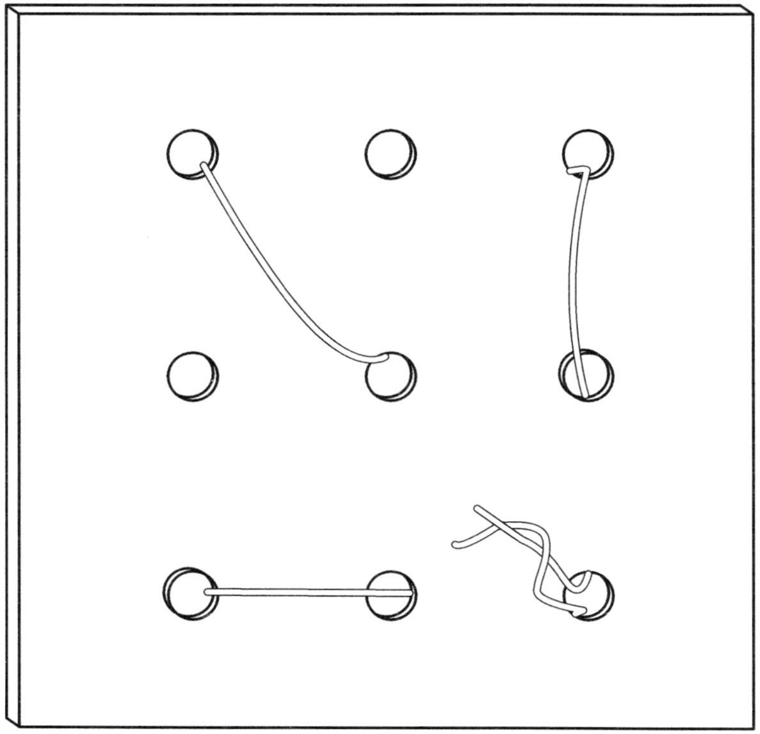

②

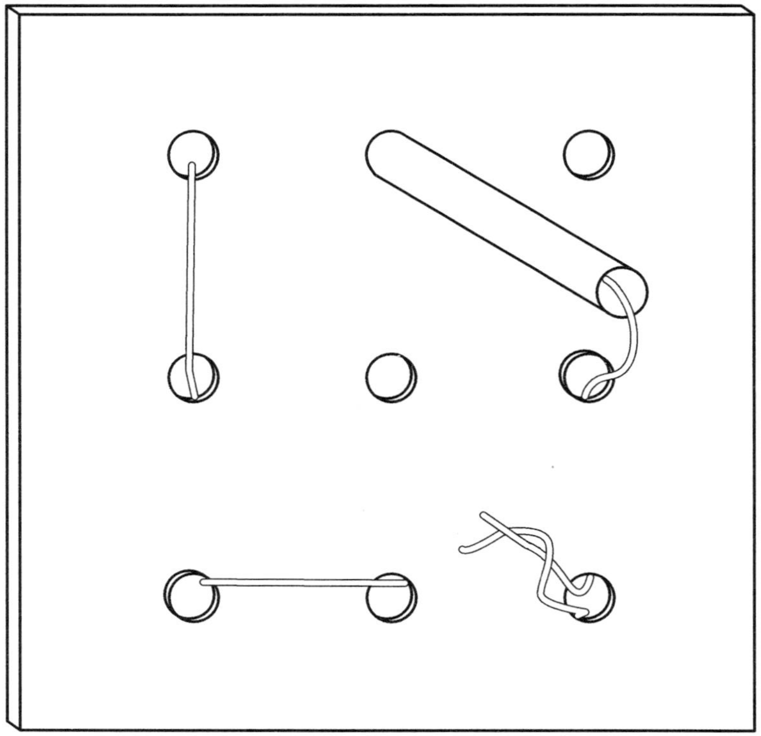

日本学習図書株式会社

☆桐朋学園小学校

問題１３

①爪楊枝と色画用紙で「旗」を作る。

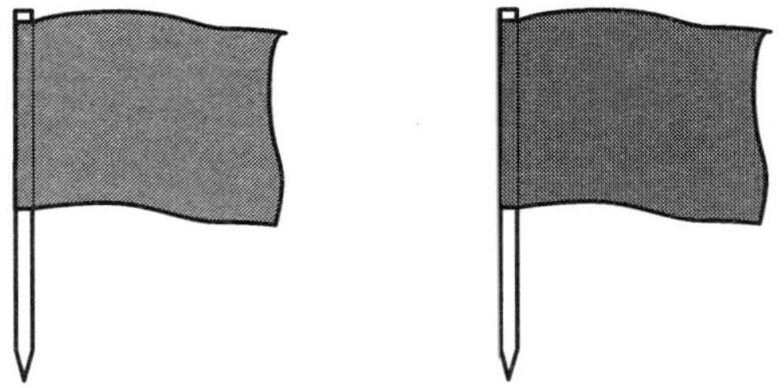

②16カ所の穴が開いた板を用意する。

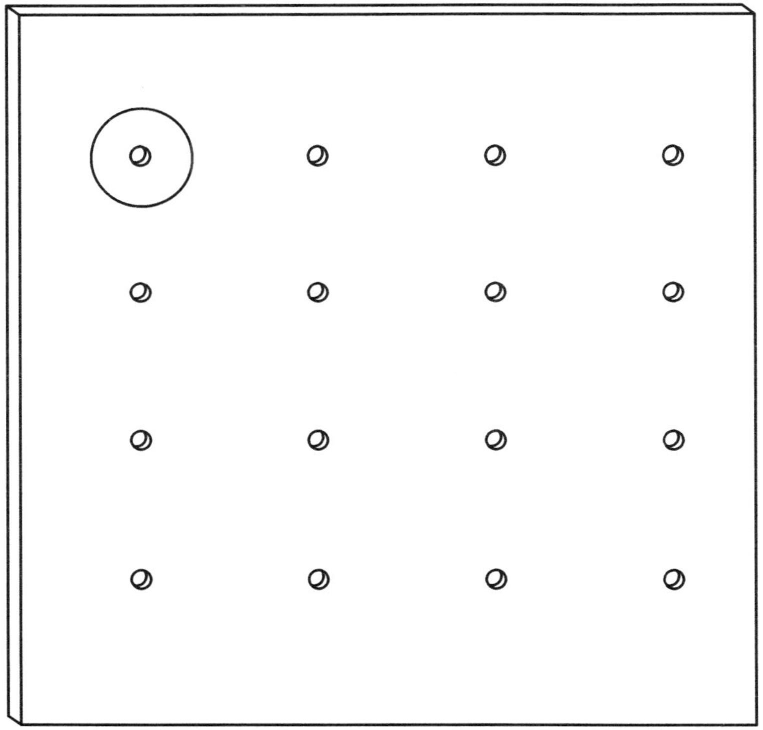

③矢印が書いてある紙を用意する。

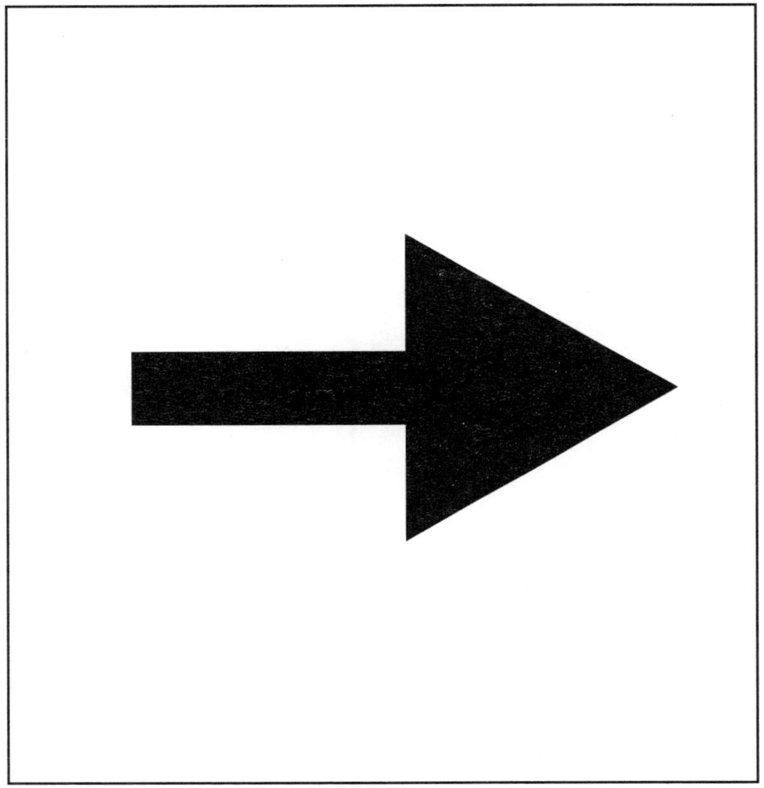

問題14－1

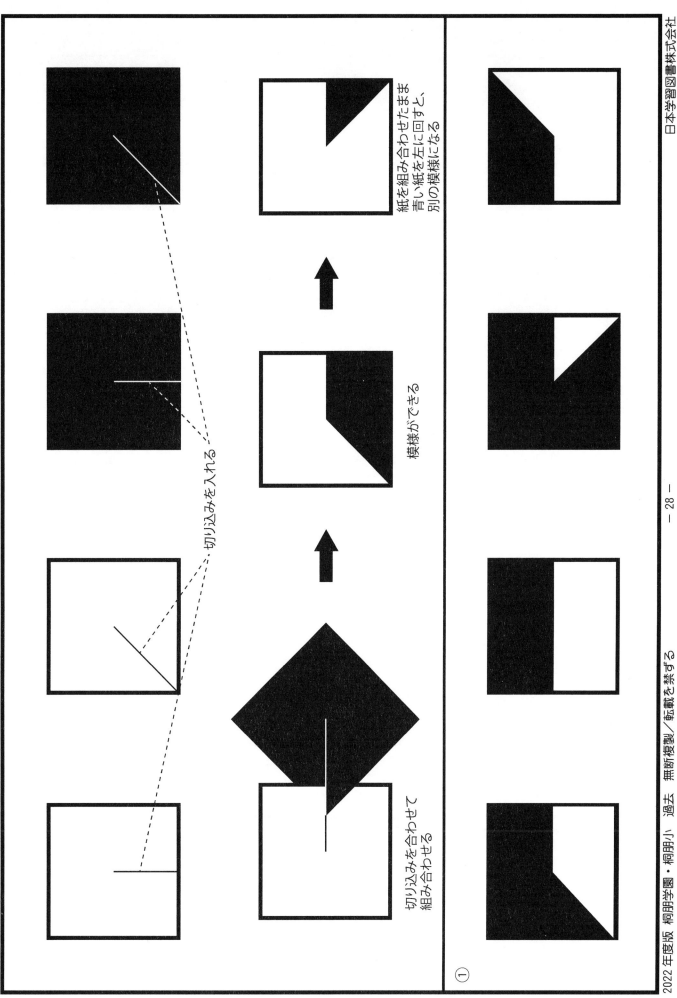

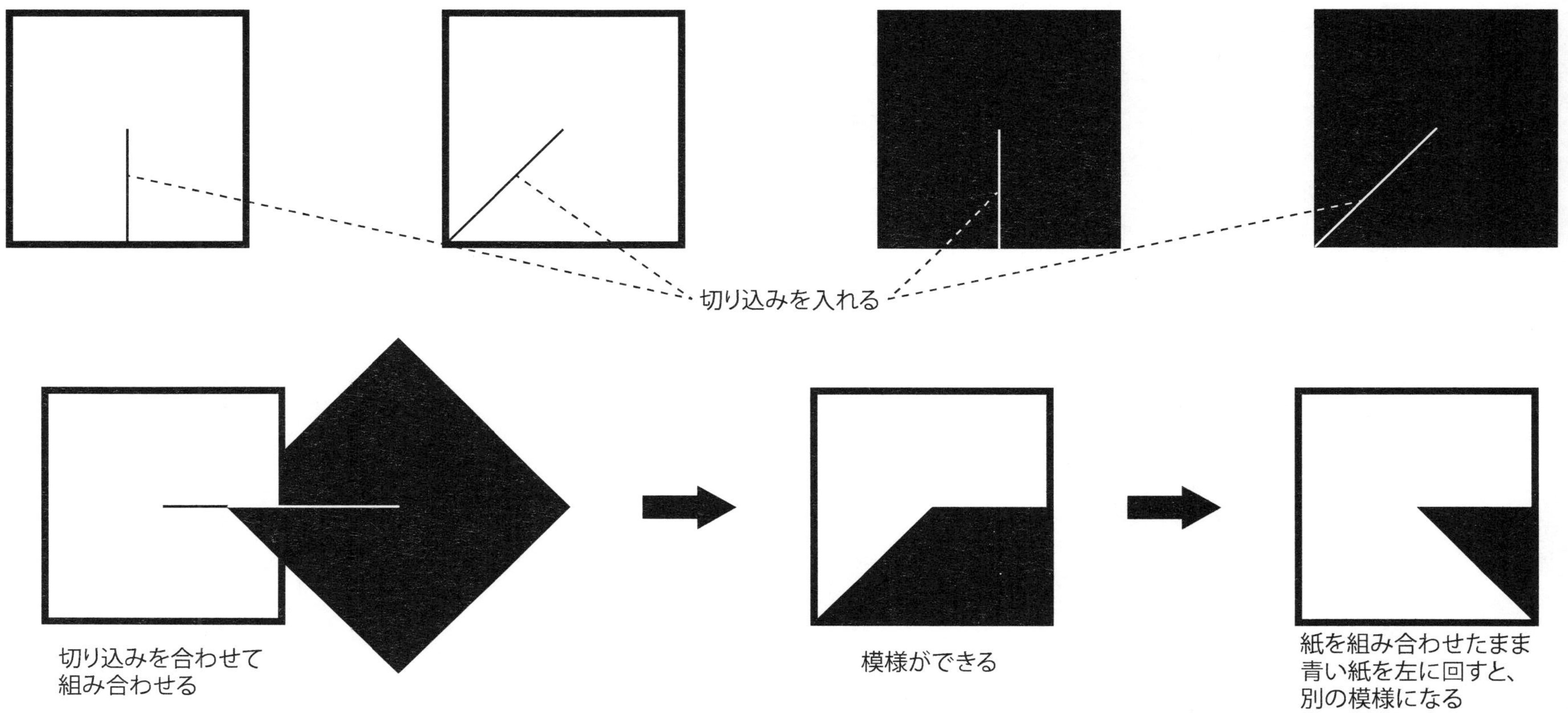
切り込みを入れる
切り込みを合わせて
組み合わせる
模様ができる
紙を組み合わせたまま
青い紙を左に回すと、
別の模様になる

①

③

②

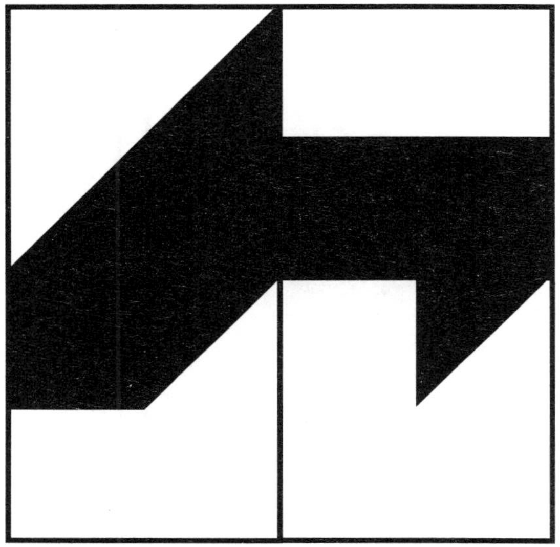

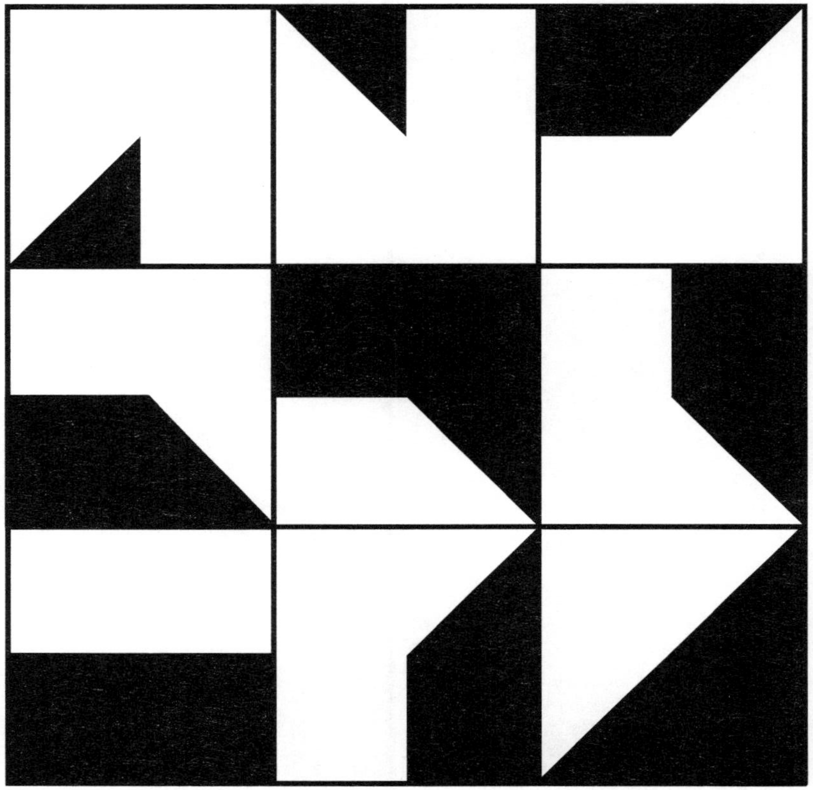

問題１５

〈完成例〉

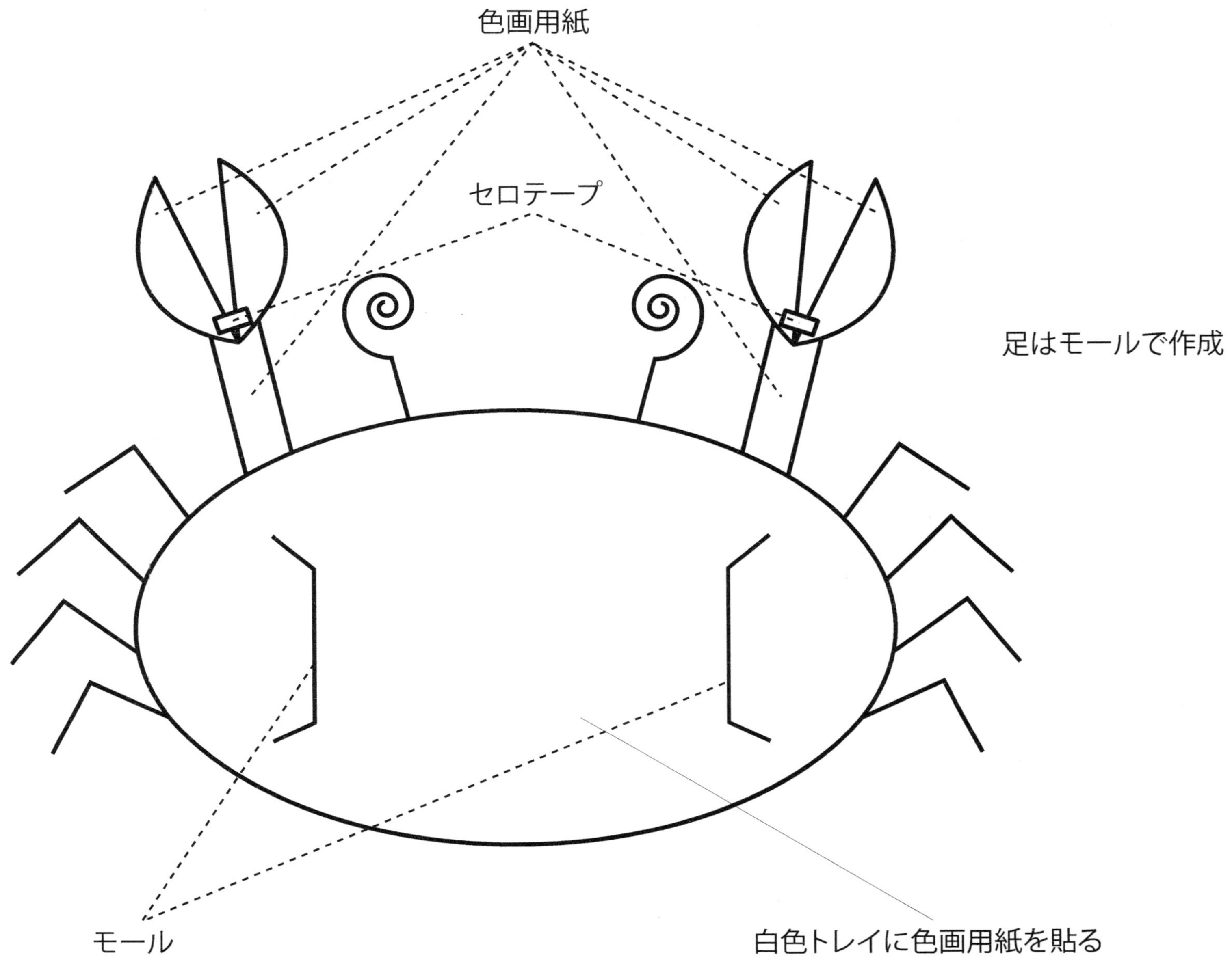
色画用紙
セロテープ
足はモールで作成
モール
白色トレイに色画用紙を貼る

問題１７

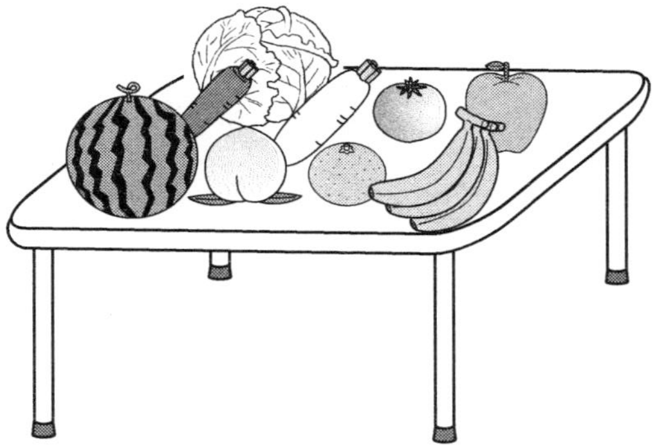

２人組でゴムの輪に入り、並んで待つ

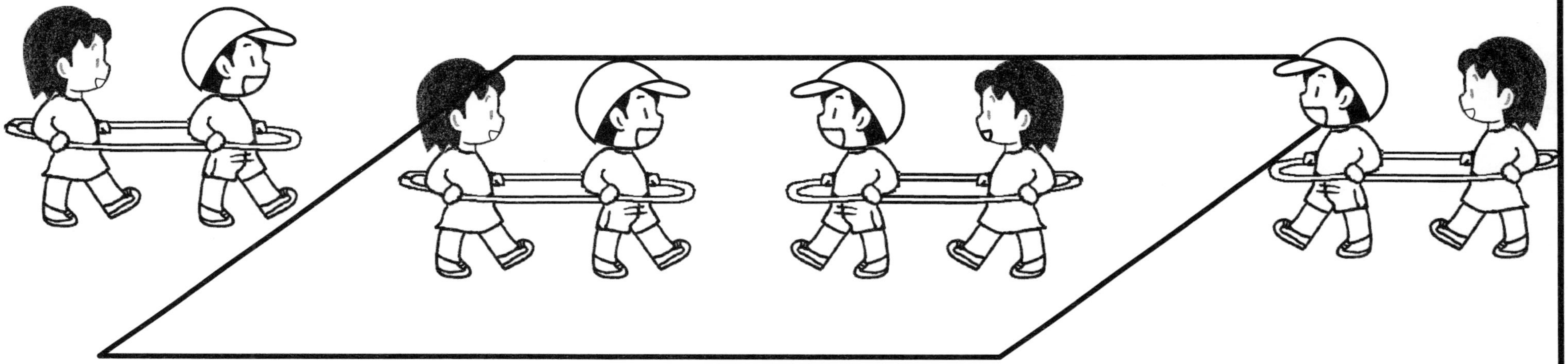

・ジャンケンをする。勝った方は後ろの子に帽子を渡して交代
・ジャンケンに２勝した方が、テーブルの「ごちそう」をもらえる
・ジャンケンが終わったら、それぞれ自分のチームに戻り、
　２人組の相手を変えて並びなおす

日本学習図書株式会社

桐朋学園小学校　専用注文書

年　　月　　日

合格のための問題集ベスト・セレクション

1st 制　作　　**2nd** 運　動

聞く力　巧緻性　　聞く力　集中力

2021年度入試は、制作（巧緻性）と運動のみでした。ただし、制作には指示行動の要素が含まれていたり、運動には行動観察の要素が含まれていたりと、観点が複数設けられています。

分野	書　名	価格(税込)	注文
図形	Ｊｒ・ウォッチャー2「座標」	1,650円	冊
図形	Ｊｒ・ウォッチャー3「パズル」	1,650円	冊
数量	Ｊｒ・ウォッチャー16「積み木」	1,650円	冊
巧緻性	Ｊｒ・ウォッチャー22「想像画」	1,650円	冊
巧緻性	Ｊｒ・ウォッチャー23「切る・貼る・塗る」	1,650円	冊
巧緻性	Ｊｒ・ウォッチャー24「絵画」	1,650円	冊
運動	Ｊｒ・ウォッチャー28「運動」	1,650円	冊
行動観察	Ｊｒ・ウォッチャー29「行動観察」	1,650円	冊
図形	Ｊｒ・ウォッチャー35「重ね図形」	1,650円	冊
推理	Ｊｒ・ウォッチャー57「置き換え」	1,650円	冊
	実践 ゆびさきトレーニング①・②・③	2,750円	各　冊
	新 口頭試問・個別テスト問題集	2,750円	冊
	新 ノンペーパーテスト問題集	2,860円	冊
	新 運動テスト問題集	2,420円	冊

合計	冊	円

（フリガナ）
氏　名

電　話

ＦＡＸ

E-mail

住 所　〒　　－

以前にご注文されたことはございますか。

有　・　無

★お近くの書店、または記載の電話・FAX・ホームページにてご注文をお受けしております。
電話：03-5261-8951　FAX：03-5261-8953　代金は書籍合計金額＋送料がかかります。
※なお、落丁・乱丁以外の理由による商品の返品・交換には応じかねます。

★ご記入頂いた個人に関する情報は、当社にて厳重に管理致します。なお、ご購入の商品発送の他に、当社発行の書籍案内、書籍に関する調査に使用させて頂く場合がございますので、予めご了承ください。

日本学習図書株式会社
http://www.nichigaku.jp

◎学習効果を上げるため、前掲の「家庭学習ガイド」及び「合格のためのアドバイス」をお読みになり、各校が実施する入試の出題傾向を、よく把握した上で問題に取り組んでください。
※冒頭の「本書ご使用方法」「本書ご使用にあたっての注意点」も併せてご覧ください。

〈桐朋小学校〉

2021年度の最新問題

問題19　分野：口頭試問（志願者面接）

〈準備〉　なし

〈問題〉　**この問題の絵はありません。**
・お名前を教えてください。
・通っている幼稚園（保育園）の名前を教えてください。
・１番仲のよいお友だちのお名前を教えてください。
・幼稚園（保育園）では何をして遊びますか。
・今日はここまでどうやって来ましたか。
・お友だちとケンカをするのはどんな時ですか。
・ケンカをした時、どうやって仲直りしますか。

〈時間〉　３分

問題20　分野：口頭試問（常識）

〈準備〉　問題20の絵を切り離してカードにしておく

〈問題〉　（実際の試験では箱が用意されている）
これは魔法の箱です。ヒヨコを入れると（箱にカードを入れる）、ニワトリになります。では、オタマジャクシ（ヒマワリの種、イモムシ）を入れるとどうなるでしょうか。

〈時間〉　１分

問題21　分野：口頭試問

〈準備〉　ビーズが入った箱

〈問題〉　**この問題の絵はありません。**
①目をつぶってください。
（箱をかたむけて音を聞かせる）
これは何の音に聞こえますか。
②（箱を渡して音を鳴らせる）
この中には何が入っていると思いますか。

〈時間〉　２分

問題22　分野：口頭試問（常識）

〈準備〉　なし

〈問題〉　（問題22の絵を見せる）
タロウさんと○○（志願者の名前）さんがブランコで遊ぶために並んでいると、ハナコさんが後ろに並びました。そこに先生が来て、「休み時間が終わりだからブランコはあと２人だけです」と言いました。ハナコさんは悲しそうにしています。あなたはどうしますか。

〈時間〉　１分

問題23　分野：制作

〈準備〉　折り紙（半分のサイズ／10色程度）、ハサミ、セロハンテープ
※問題23の絵のように折り紙をつなげておく

〈問題〉　**この問題は絵を参考にしてください。**
折り紙を切って、輪飾りをあと２つつなげてください。その時、同じ色が隣同士にならないようにしましょう。

〈時間〉　３分

問題24　分野：運動

〈準備〉　ビニールテープ
※問題24の絵のように線を引いておく

〈問題〉　**この問題は絵を参考にしてください。**
線の手前から四角の真ん中に両足ジャンプをしてください。大きい順に続けていきましょう。１回ジャンプするごとに線の手前まで戻ってください。

〈時間〉　３分

問題25　分野：保護者アンケート

〈準備〉　なし

〈問題〉　**この問題の絵はありません。**
（考査当日に提出）
ご家庭でのお子さんの様子を簡単な日記形式で５日分お書きください。以下のことを入れて書いてください。
「お子さんと過ごした時間の具体的なエピソード」
「その時のお子さんの様子」
「その時に保護者の方が感じたこと」

〈時間〉　適宜

☆桐朋小学校

問題２０

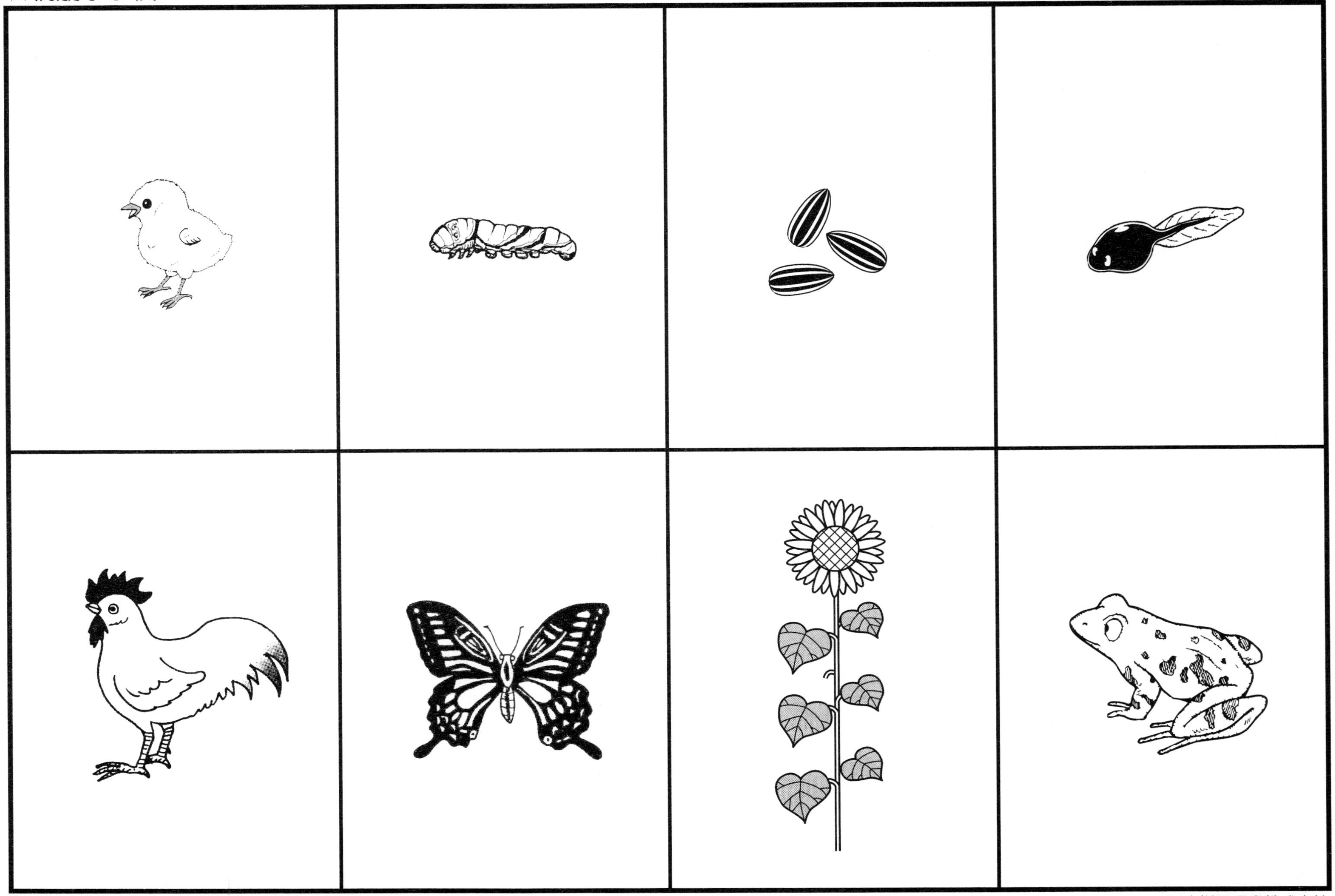

☆桐朋小学校

2022年度版 桐朋学園・桐朋小 過去 無断複製／転載を禁ずる 日本学習図書株式会社

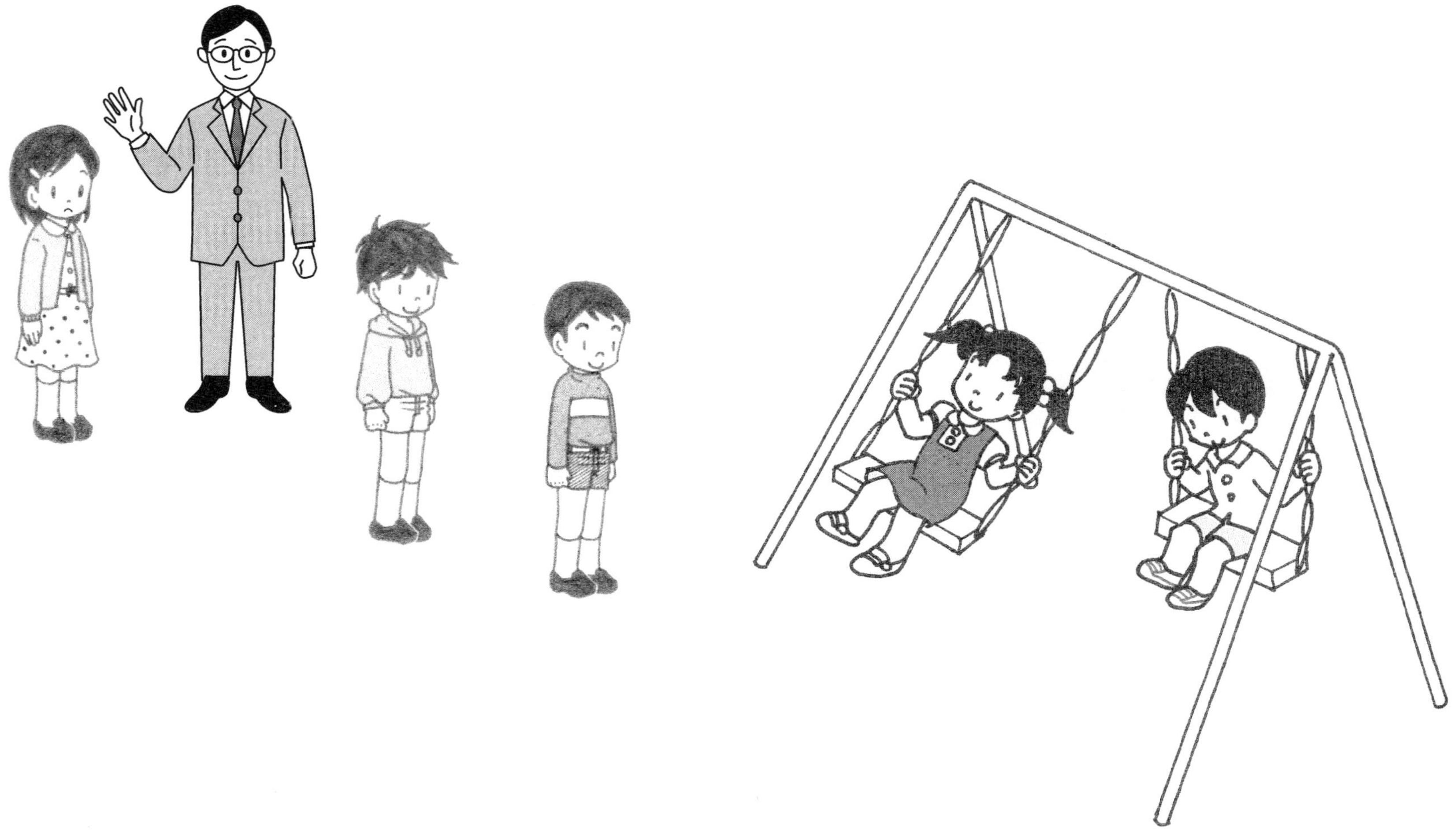

問題２３

日本学習図書株式会社

問題２４

大きい四角から順番にジャンプして戻るを繰り返す。

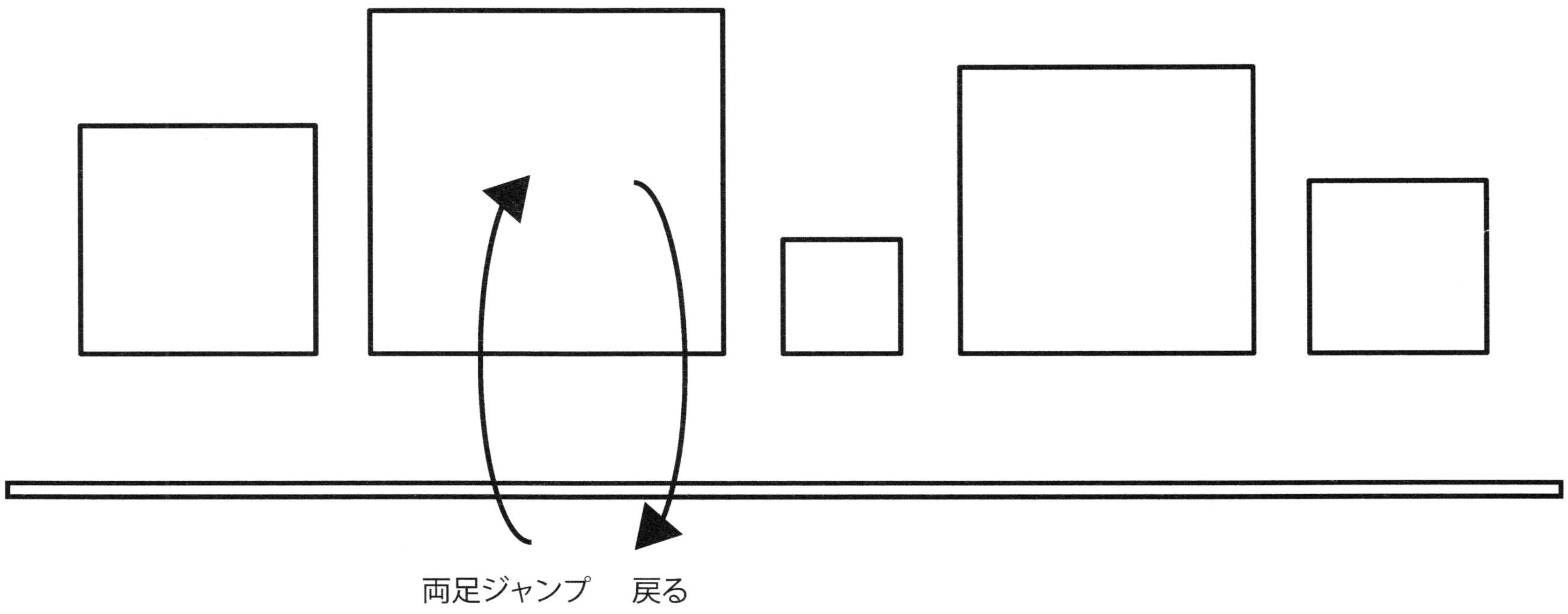

2021年度入試
解答例・学習アドバイス

解答例では、制作・巧緻性・行動観察・運動といった分野の問題の答えは省略されています。こうした問題では、各問のアドバイスを参照し、保護者の方がお子さまの答えを判断してください。

問題19　分野：口頭試問（志願者面接）

〈解 答〉　省略

問題に記載されているすべてではなく、この中から３～４問が質問されました。志願者面接の場合、答える内容よりも、受け答えの時の態度や様子などの方が重視される傾向にあります。つまり、マニュアル通りの答えを覚えさせることに意味はないということです。「質問の意味を理解できているか」「それに即した答えができているか」というコミュニケーション力が問われているのです。親子の会話でもそうした力を伸ばすことができます。試験対策としてではなく、日常生活の中でコミュニケーション力を高めていくことが、結果として入試面接にも効果を発揮するということになります。

【おすすめ問題集】
面接テスト問題集

問題20　分野：口頭試問（常識）

〈解 答〉　省略

実際の試験では、カードを箱に入れると違うカードになって出てくるという仕掛けで行われました。形としては、ペーパーテストの推理分野で出題されるブラックボックス（マジックボックス）と呼ばれる問題に似ていますが、本問は理科の常識問題です。お子さまの年齢の場合、目先を少し変えただけでできていた問題もできなくなってしまうことがあります。形にとらわれるのではなく、何を問われているのかを理解することが大切です。ヒヨコがニワトリになるということがどういうことなのかを、抽象的にとらえる必要があります。問われているのは、「大きくなったらどうなる？」ということです。問題についている飾りを取り外して、シンプルな形にして考えられるようにしましょう。

【おすすめ問題集】
新口頭試問・個別テスト問題集、新ノンペーパーテスト問題集、
Ｊｒ・ウォッチャー27「理科」、55「理科②」

問題21　分野：口頭試問

〈解 答〉　省略

本問に正解はないので、お子さまがどう考えたかということを表現できれば問題はありません。近年の小学校入試では、こうした正解のない問題が多く出題されるようになってきています。はっきりとした正解があるペーパーテストとは違い、どう答えたらよいのかを考えてしまう保護者の方も多いのではないでしょうか。こうした問題では、お子さまが「どう考えたか」「どう感じたか」を聞いているので、正解・不正解はありません。「なぜそう考えたのか」「なぜそう感じたのか」を相手に伝えることが本問の観点になります。ここでもコミュニケーション力が必要になってきます。

【おすすめ問題集】
新口頭試問・個別テスト問題集、新ノンペーパーテスト問題集

問題22　分野：口頭試問（常識）

〈解 答〉　省略

実際の試験では紙芝居のような形で出題されました。「あなたはどうしますか」という問いなので、お子さまが考えたように答えればよいのではないかとも言えるのですが、例えば「先に並んでいたので譲らない」と言ってしまうとそういう考え方をするお子さまだと思われてしまいます。もちろん、それがダメということではありませんが、学校が知りたいのは、こうした状況を親子で話し合っているかということなのではないでしょうか。お子さまにはお子さまの考えがあると思いますし、そうした考えを保護者の方が知っておくことも大事なことです。こういう理由で、ぼく（わたし）は順番を譲った（譲らなかった）と言えることがポイントになるのではないかと思います。

【おすすめ問題集】
新口頭試問・個別テスト問題集、新ノンペーパーテスト問題集、
Ｊｒ・ウォッチャー12「日常生活」

問題23　分野：制作

〈解答〉　省略

指示をしっかり理解して取り組めるかが本問のポイントになります。作業としては折り紙を切って、丸めて、セロテープで留めるだけなので制作物にそれほど大きな違いが出るものではありません。「同じ色をつなげない」ということは、切った折り紙２枚をそのままつなげられないということです。折り紙を選ぶ時や切った折り紙をつなげる時に、同じ色をつなげないことが意識できているかというところはしっかり観られているでしょう。シンプルに見える問題でも、考えるべきところは意外とあります。簡単そうだからと言って、指示をいい加減に聞いていると大きなミスにつながるので注意しましょう。

【おすすめ問題集】
実践 ゆびさきトレーニング①・②・③、Ｊｒ・ウォッチャー23「切る・貼る・塗る」

問題24　分野：運動

〈解答〉　省略

運動テストですが、大きい順にできたかどうかの方が重要度は高いでしょう。体を使った推理（比較）の問題と言ってもよいかもしれません。本問の絵は真上から見た図なので、簡単に見えるかもしれませんが、実際にやってみると大きさが比較しにくかったりします。お子さまの目線で確認してみるとよいでしょう。また、ジャンプするごとに線の手前まで戻ることも忘れないようにしてください。指示を守れないと、評価に大きな影響を与えるということをしっかりとお子さまに伝えておいてください。また、直接的な課題だけでなく、試験全体が評価の対象という意識で臨みましょう。

【おすすめ問題集】
新運動テスト問題集、Ｊｒ・ウォッチャー28「運動」

問題25　分野：保護者アンケート

〈解答〉　省略

当校では、例年保護者面接は行われていませんが、今年度は面接で聞かれるような内容のアンケートが実施されました。Ａ４サイズ１ページに、連続した５日分の「ミニ子育て日記」を記入するというものです。「教育活動の参考にさせていただきます」との記載があり、入試の評価に関係があるかどうかは不明ですが、保護者や家庭の様子を観るために行ったことは間違いないでしょう。試験の約２週間前に突然送付されてきたとのことなので、コロナ禍ゆえの課題ということではないかと考えられます。2022年度入試でも実施されるかどうかは不明ですが、準備だけはしておいた方が安心です。

【おすすめ問題集】
新・小学校受験 願書・アンケート・作文 文例集500

2020年度以前の過去問題

問題26　分野：口頭試問（志願者面接）

〈準備〉　なし

〈問題〉　**この問題の絵はありません。**
①お名前を教えてください。
②通っている幼稚園（保育園）の名前を教えてください。
③１番仲のよいお友だちのお名前を教えてください。
④お友だちとどんなことをして遊びますか。教えてください。

〈時間〉　適宜

〈解答〉　省略

［2020年度出題］

学習のポイント

いわゆる面接で聞かれることが口頭試問で行われました。お子さまの自分の名前、お友だち、幼稚園・保育園の名前など、お子さまの基本的なプロフィールに関することを聞かれることがほとんどです。当たり前のことですが、お子さま自身のことはお子さま自身で答えられるようにしておきましょう。全く答えられなかったり、悪ふざけをしない限りここで評価が下がることはありません。年齢相応のコミュニケーションができるかどうかが観られているだけなので、緊張せずにありのままのお子さまを表現できるようにしましょう。

【おすすめ問題集】
新口頭試問・個別テスト問題集

問題27　分野：口頭試問（水量の比較）

〈準備〉　同じ大きさのビン４本（中が見えるもの。それぞれ量を変えて色水を入れておく）

〈問題〉　**この問題は絵を参考にしてください。**
（ビンを並べる）ここに薬の入ったビンがあります。
①薬の量が多い順にビンを並べてください。
②薬が３番目に多いのはどのビンですか。指でさしてください。

〈時間〉　①30秒　②即答が望ましい

〈解答〉　省略

［2020年度出題］

学習のポイント

昨年と同じ問題が2020年度入試でも出題されました。比較の問題には、数の大小、高さ、長さ、量、重さなどを比べるものがあります。どの場合でも感覚で判断するのではなく、きちんと理由も答えられるようにしましょう。そのためには、まず、状況を理解することが大切です。この問題であれば、ビンの形がすべて同じであるということがわかっているかどうかです。ビンに違いがあれば、1つひとつ違いを確かめなければいけませんが、本問のビンがどれも同じですから、単純に水の高さを比べれば答えは出てきます。また、お子さまによっては、ペーパーテストではスムーズに答えられるが、口頭試問だとうまく答えらないということもあるでしょう。口頭で答える練習を繰り返し行っていけば、自然とできるようになります。経験を増やして、当校の形式に慣れていきましょう。

【おすすめ問題集】
新口頭試問・個別テスト問題集、Ｊｒ・ウォッチャー15「比較」、58「比較②」

問題28　分野：口頭試問（言語・知識）

〈準備〉　問題28の絵を点線に沿って切っておく

〈問題〉　（カードを１枚ずつ見せる）
カードの絵を見て、その名前を答えてください。
また、どんな時に使うのか説明してください。

〈時間〉　適宜

〈解答〉　省略

[2020年度出題]

学習のポイント

ふだんの生活の中にあるものを答える課題です。言うまでもなく使った経験の有無が解答に大きく影響します。この選択肢では、就学前に経験しないかもしれない「笛（縦笛）」や触れる機会の少なくなっている「切手」などが該当するでしょう。また当然ですが、経験したことのないものを説明することはできません。お子さまが見たことのないものがこの問題の中にあれば、実際に見せてみましょう。ただ、インターネットなどで画像や動画を見せることは安易な時代ですが、可能であれば実物に触れさせてください。大きさ、重さ、触れた感覚などが、経験として名前とともに、その役割も教えてくれます。

【おすすめ問題集】
新口頭試問・個別テスト問題集、Ｊｒ・ウォッチャー11「いろいろな仲間」

問題29　分野：口頭試問（情操・道徳）

〈準　備〉　なし

〈問　題〉　（問題29－１の絵を見せる）
①この中で好きな絵はどれですか。指でさしてください。
　それはなぜか教えてください。
（問題29－２の絵を見せる）
②泣いている女の子がいます。どうして泣いていると思いますか。

〈時　間〉　適宜

〈解　答〉　省略

［2020年度出題］

学習のポイント

特に難しい課題ではありません。聞かれたことに対し、思ったままに解答できれば問題ありません。ここで観られている点は、①は情操面、②は道徳面について問われています。①の場合、例えば、左の絵や真ん中の絵は同じような経験をもとに話せるとよいでしょう。右の絵は空想的な要素を含んでいる分、お子さまの性格も測りやすいかもしれません。②の場合、男の子が女の子を泣かせている絵ですが、経験と年齢相応の道徳観が備わっていればその理由を答えられるでしょう。日頃から話すことに活発な子でも、試験会場のようにふだんと違った雰囲気のある場所では緊張してしまうかもしれません。ただ、当校の入試は能力や知識を測るものではありません。お子さまののびのびとした個性を観ているものなので、ふだん通りのお子さまを表現できるように、保護者の方は入試当日にお子さまが緊張しないようなムードを作ってあげましょう。

【おすすめ問題集】
　新口頭試問・個別テスト問題集、Ｊｒ・ウォッチャー21「お話作り」

問題30　分野：制作

※問題31と続けて行う。

〈準　備〉　割り箸２本、画用紙、折り紙、花紙、クレヨン、のり、セロハンテープ、ハサミなど

〈問　題〉　**この問題は絵を参考にしてください。**
お店屋さんごっこをします。ここにある道具と材料を使って、お店で売るキャンディーを１つと好きなものを１つ作りましょう。できたら割り箸に貼り付けてください。次にお買い物バッグを１つと、お買い物券を３枚作ってください。

〈時　間〉　20分

〈解　答〉　省略

［2020年度出題］

学習のポイント

昨年も問題30、問題31と同じ問題が出題されていました。入試２日目に行われた、制作・行動観察の課題です。例年、それぞれが制作したものを使ってみんなで遊ぶ、という流れで行われています。制作するものに対して、どういう風に作っていくかという過程の指示はありませんでした。この制作の課題では、作業をていねいに集中して行っているか、工夫してよりよいものを作ろうとしているか、お友だちの邪魔をしていないか、道具や材料を大切に扱っているかなどといったことが観点となります。そういったことはいきなり身に付くものではありません。日頃から身の周りのものを大切にし、また周囲の人をきちんと尊重して何事にもまじめに取り組むよう指導しておいてください。

【おすすめ問題集】
実践 ゆびさきトレーニング①・②・③、Ｊｒ・ウォッチャー23「切る・貼る・塗る」

問題31　分野：行動観察

※問題30と続けて行う。

〈準備〉　問題30で制作したキャンディーとほかの商品、お買い物バッグ、お買い物券、机

〈問題〉　**この問題の絵はありません。**
※２チームに分かれて行う。１チームの人数は３人

（お店屋さんチームに対し）お店を作りましょう。３人で相談して、売るものを机の上に並べてください。お店ができたら、お客さん（もう１つのチームの３人）を呼んで品物を売りましょう。何か１つ売ったら、お客さんからお買い物券を１枚もらってください。

（お客さんチームに対し）お店が開くのを立って待ちましょう。お店が開いたらお買い物をしましょう。お買い物券１枚で、どれでも好きなものを１つ買うことができます。買ったものはバッグに入れましょう。

それではおしまいにして、お店屋さんとお客さんを交代しましょう。
（商品を机に戻し、チームを入れ替えてはじめから行う）

〈時間〉　10分ずつ（計20分）

〈解答〉　省略

［2020年度出題］

学習のポイント

行動観察として「お店屋さんごっこ」を行います。この分野では、先生の指示をきちんと聞いて守っているか、自分の意見をしっかり言い、お友だちの意見を尊重しているか、ふざけたりせずにまじめに取り組んでいるか、など、小学校入学後の集団生活をする上で必要な素地を観られています。ふだんから、お友だちと遊ぶ時間を大切にし、人と協調することや人を尊重することを自然に学んでいけるとよいでしょう。公園などで知らない子と出会ったら、学習の１つとして、お子さまを遊ばせてみてください。そういった場は、お子さまが積極性や社会性を身に付ける機会となるでしょう。

【おすすめ問題集】

Ｊｒ・ウォッチャー29「行動観察」

問題32　分野：運動

〈準　備〉　ボール（３個）

〈問　題〉　この問題は絵を参考にしてください。

①線のところまで、ケンパーで行ってください。
②線のところまで行ったら、今度はジグザグ歩きで次の線まで向かってください。
③線から、大きな的に向かってボールを３個投げてください。投げ終わったら、ボールを拾って片付けてください。
④線から、次の線まで両足とび１回でジャンプしてください。
⑤線から、スタートの線までワニ歩きで進んでください。
⑥ゴールしたら、列に並んで体育座りで待ちましょう。

〈時　間〉　約15分

〈解　答〉　省略

［2020年度出題］

学習のポイント

例年出題されている運動の課題です。指示がやや複雑です。指示をよく聞いてから行動しましょう。運動の出来が評価されるというよりは、指示をよく聞けているかどうかが観点になっているからです。こういった指示行動でよく見られるのは、周りの子に合わせてしまうということです。例えば、はじめに行うお子さまが間違って行うと、その後に行うお子さまもつられて同じ間違いをしてしまうケースがあります。指示をよく聞いておけば、周りに惑わされないで、自信を持って行動できるようになるでしょう。

【おすすめ問題集】

新運動テスト問題集、Ｊｒ・ウォッチャー28「運動」

問題33　分野：制作

〈準備〉　ハサミ、液体のり、セロハンテープ、透明なフタ（3～5個）、画用紙（A3、さまざまな色を用意。白の画用紙1枚に問題33の絵のような線を書いておく）、ひも（10本）、紙コップ（5個）、ストロー（半分に切ったサイズ）など

〈問題〉　この問題は絵を参考にしてください。

①今からお面作りを行います。
　準備された道具を使って、お面の顔となる部分を作ってください。使わないものがあっても構いません。
②お面の顔となる部分を作り終えたら、白の画用紙を線に沿って切ってください。
③切った白い画用紙の真ん中を、お面の顔となる部分の裏に貼って、自分の頭の大きさに合わせてセロハンテープで留めたら完成です。

〈時間〉　適宜

〈解答〉　省略

［2020年度出題］

学習のポイント

2020年度の制作の課題は、制作する過程に指示がないことが特徴です。この課題では、お面の顔となる部分はお子さまが自由に決めて作るところがそれにあたります。制作する時に使う道具は多数揃っていますが、わざわざすべて使おうとする必要はありません。お子さま自身の中で、道具の取捨選択をして、作業を進められるようにしましょう。ここでは作品の出来の良し悪しよりも、制作している過程でどう取り組んでいるかというお子さまの態度や姿勢が観られています。できないことにイライラしてしまったり、ほかのお友だちの邪魔をしてしまうといったことは評価が下がりますからやめましょう。

【おすすめ問題集】
　実践 ゆびさきトレーニング①・②・③、Ｊｒ・ウォッチャー23「切る・貼る・塗る」

問題34　分野：口頭試問

〈準備〉　問題34のイラストを枠線で切り分け、カードにしておく。

〈問題〉　①好きな動物を教えてください。どうして好きなのかも教えてください。
②（準備したすべてのカードを志願者の前に置き）
　この動物たちを仲間分けしてください。

〈時間〉　適宜

〈解答〉　省略

［2019年度出題］

学習のポイント

１日目の試験はすべて口頭試問形式で行われます。内容は年齢相応の知識（常識）や思考力を問うもの、情操面の発達を測るものなどバラエティに富んでいますが、観点は「聞かれたことに対して答える」という、ごく普通のコミュニケーションがとれるかどうかをチェックする程度のものです。当校入試は全体として、現時点の能力・知識というよりも、コミュニケーション能力や情操の発達が見込めること、つまり「のびしろ」があることを重視しています。ですから、ここで「カマキリがどのように暮らしているかわからない」からといって、即不合格ということにはなりません。しかし、指示されたことや質問の意味が理解できないとかなりの痛手になります。質問の内容がわからないからといって、無言にならず、「わからないのでもう一度教えてください」あるいは「できません」と言えるようにしてください。

【おすすめ問題集】

新口頭試問・個別テスト問題集、Ｊｒ・ウォッチャー11「いろいろな仲間」

問題35　分野：口頭試問

〈準備〉　同じ大きさのビン４本（中が見えるもの。それぞれ量を変えて色水を入れておく）

〈問題〉　この問題は絵を参考にしてください。

（ビンを並べる）ここに薬の入ったビンがあります。

①薬の量が多い順にビンを並べてください。

②薬が３番目に多いのはどのビンですか。指でさしてください。

〈時間〉　①30秒　②即答が望ましい

〈解答〉　省略

［2019年度出題］

学習のポイント

比較の問題には、数の大小を比べるもの、高さを比べるもの、長さを比べるもの、量を比べるもの、重さを比べるもの、などがありますが、いずれの場合も見た目で判断するのではなく、きちんと理由をつけて答えを出すようにしましょう。そのために、まず、「～が～だ」と状況を把握することです。本問であれば、ビンの形がすべて同じであることを把握します。次に、ビンの底面の大きさや水の高さが同じでも、ビンがくびれていたり膨らんでいたりすれば水の量は変わってきますが、本問のビンはどれも同じですから、単純に水の高さを比べればよいことになる、と考え答えを出すということになります。ペーパーテストではスムーズに答えられても、口頭試問だと緊張してうまく答えらないことがあります。口頭で答える練習も一度はやっておきましょう。

【おすすめ問題集】

新口頭試問・個別テスト問題集、Ｊｒ・ウォッチャー15「比較」、58「比較②」

問題36　分野：口頭試問

〈準 備〉　積み木（あらかじめ問題36の左のイラストの通りに積んでおく）

〈問 題〉　①（積み木を見せて）この積み木はいくつありますか。
②（問題36の右の絵を見せる）
この積み木はいくつありますか。

〈時 間〉　２分

〈解 答〉　①９個　②８個

［2019年度出題］

学習のポイント

オーソドックスな積み木の数をかぞえる問題です。注意するのは見えない積み木を数える時だけでしょう。お子さまが難しいと感じている場合は、見えるようにしてあげましょう。推測するのではなく、実際の積み木で見せてあげるのです。紙の上の積み木は動かすことはできませんが、積み木は動かすことができます。邪魔な積み木を動かして、推測していた数と合っているかを確認しましょう。実際に手を動かすことで、自然と頭の中でその作業ができるようになっていきます。そうすれば、動かすことができない紙の上の積み木も（頭の中で）動かせるようになります。

【おすすめ問題集】
新口頭試問・個別テスト問題集、Ｊｒ・ウォッチャー16「積み木」、53「四方からの観察　積み木編」

問題37　分野：口頭試問

〈準 備〉　食べもののおもちゃ（お寿司、メロン、リンゴ、イチゴ、ドーナツなど）
※口頭試問のテーブルとは別のテーブルの席にランダムに置いておく。

〈問 題〉　**この問題の絵はありません。**
①好きな食べものをあちらのテーブルから１つ持ってきてください。
②どうしてこれが好きなのですか。教えてください。

〈時 間〉　適宜

〈解 答〉　省略

［2019年度出題］

学習のポイント

特に難しい課題ではありませんから、指示を理解してその通りに行動すれば問題ありません。素直に好きな食べものを選び、理由を答えてよいと思います。前述したとおり、ここではコミュニケーションがとれるかを評価しているだけですから、指示の内容が理解できることを示せればそれでよいのです。保護者の方は、お子さまにあまり馴れ馴れしいのはいけないが、会話ができないほど緊張してはいけない、とあらかじめ言っておきましょう。これも繰り返しになりますが、当校の入試は能力や知識を測るものではありません。保護者の方は、入試当日にお子さまが緊張しないようなムードを作り、のびのびと個性を表現できるようにしてあげましょう。

【おすすめ問題集】
新口頭試問・個別テスト問題集、Ｊｒ・ウォッチャー29「行動観察」

問題38　分野：口頭試問（お話作り）

〈準備〉　あらかじめ問題38のイラストを２つに切り分けておく

〈問題〉　この問題の絵は縦に使用してください。
（問題38の絵を見せる）
２枚の絵を使ってお話を作ってください。作ったら、私（出題者）に教えてください。

〈時間〉　５分

〈解答〉　省略

［2019年度出題］

学習のポイント

絵を見て自由に想像を膨らませ、お話を作りましょう。ふだんからお子さまの空想のお話を聞き、さまざまな質問をしてお話を広げてあげてください。空想が苦手なお子さまには、空想のきっかけとなるような言葉をかけてあげるようにしましょう。入試までにお子さまの話が人に伝わるような表現になっていれば問題ありません。人に理解してもらうようなお話を作ることについての注意点は多いですが、当校入試では「誰が」「～した」ということがわかり、年齢相応の表現でお話ができれば構わないでしょう。ストーリー展開や話の面白さを期待されているわけではありません。とはいえ、単に「わかってもらう」という表現でさえ、読み聞かせやお話語りを通じ、さまざまな言葉や表現に接していないと入試という場ではふだん通りにはできないものです。入試で出題されないからと言ってそういった学習は怠らない方がよいでしょう。

【おすすめ問題集】
新口頭試問・個別テスト問題集、Ｊｒ・ウォッチャー21「お話作り」

問題39　分野：制作

※問題40と続けて行う。

〈準備〉　割り箸2本、画用紙、折り紙、花紙、クレヨン、のり、セロハンテープ、ハサミ

〈問題〉　**この問題は絵を参考にしてください。**
お店屋さんごっこをします。ここにある道具と材料を使って、お店で売るキャンディーを1つと好きなものを1つ作りましょう。できたら割り箸に貼り付けてください。次にお買い物バッグを1つと、お買い物券を3枚作ってください。

〈時間〉　20分

〈解答〉　省略

[2019年度出題]

学習のポイント

入試2日目に行われた、制作・行動観察の課題です。例年、個人で制作したものを使ってみんなで遊ぶ、という流れで行われています。こうした課題は、実際の作業や集団の中での振る舞いを通じて、「ふだんはどのように行動しているか」を推測するためのものです。このうち制作の課題では、作業をていねいに根気よく行っているか、工夫してよりよいものを作ろうとしているか、お友だちの邪魔をしていないか、道具や材料を大切に扱っているかなどといったことが観点となります。そういったことは一朝一夕で身に付くものではありませんので、日頃から身の周りのものを大切にし、また周囲の人をきちんと尊重して何事にもまじめに取り組むよう指導しておいてください。

【おすすめ問題集】
実践 ゆびさきトレーニング①・②・③、Ｊｒ・ウォッチャー23「切る・貼る・塗る」

問題40　分野：行動観察

※問題39と続けて行う。

〈準　備〉　問題39で制作したキャンディーとほかの商品、お買い物バッグ、お買い物券、机

〈問　題〉　この問題の絵はありません。
※２チームに分かれて行う。１チームの人数は３人

（お店屋さんチームに対し）お店を作りましょう。３人で相談して、売るものを机の上に並べてください。お店ができたら、お客さん（もう１つのチームの３人）を呼んで品物を売りましょう。何か１つ売ったら、お客さんからお買い物券を１枚もらってください。

（お客さんチームに対し）お店が開くのを立って待ちましょう。お店が開いたらお買い物をしましょう。お買い物券１枚で、どれでも好きなものを１つ買うことができます。買ったものはバッグに入れましょう。

それではおしまいにして、お店屋さんとお客さんを交代しましょう。
（商品を机に戻し、チームを入れ替えてはじめから行う）

〈時　間〉　10分ずつ（計20分）

〈解　答〉　省略

［2019年度出題］

学習のポイント

行動観察として「お店屋さんごっこ」を行います。行動観察では、先生の指示をきちんと聞いて守っているか、お友だちとの話し合いに参加しているか、自分の意見をしっかり言い、お友だちの意見を尊重しているか、ふざけたりせずにまじめに取り組んでいるか、お友だちと協力し合っているかなど、入学後の集団生活への適応に関わるさまざまな点が評価されます。ふだんから、お友だちとの遊びの時間を大切にし、人と協調することや人を尊重することを自然に学んでいけるとよいでしょう。また、お子さまが積極性や社会性を身に付ける機会となりますので、公園や遊戯施設など知らない子と出会う場所でも遊ばせるようにしてください。

【おすすめ問題集】
Ｊｒ・ウォッチャー29「行動観察」

問題41　分野：運動

〈準 備〉　ボール（３個）

〈問 題〉　**この問題は絵を参考にしてください。**
①線のところまで、ケンパーで行ってください。
②線のところまで行ったら、今度はジグザグ歩きで次の線まで向かってください。
③線から、大きな的に向かってボールを３個投げてください。投げ終わったら、ボールを拾って片付けてください。
④線から、次の線まで両足とび１回でジャンプしてください。
⑤線から、スタートの線までワニ歩きで進んでください。
⑥ゴールしたら、列に並んで体育座りで待ちましょう。

〈時 間〉　約15分

〈解 答〉　省略

［2019年度出題］

学習のポイント

指示がやや複雑ですから、よく聞き、理解してから行うことが重要です。また、こういった指示行動でよく見られるのは、周りの子に合わせてしまうということです。例えば、はじめに行うお子さまが間違って行ってしまえば、その後に行うお子さまは、つられて同じ間違いをしてしまうケースが多いのです。指示をよく聞き、周りに惑わされないで、自信を持って行動できるようにしましょう。当然ですが、ボールの使い方やケンパーなどから年齢に応じた体力やバランスのとれた身体能力・運動能力などが備わっているかなども観点です。遊びの中でスキップやキャッチボール、ケンパーなども一応は練習しておいてください。年齢相応の体力がないと評価されるとよくありません。

【おすすめ問題集】
新運動テスト問題集、Ｊｒ・ウォッチャー28「運動」

問題２７

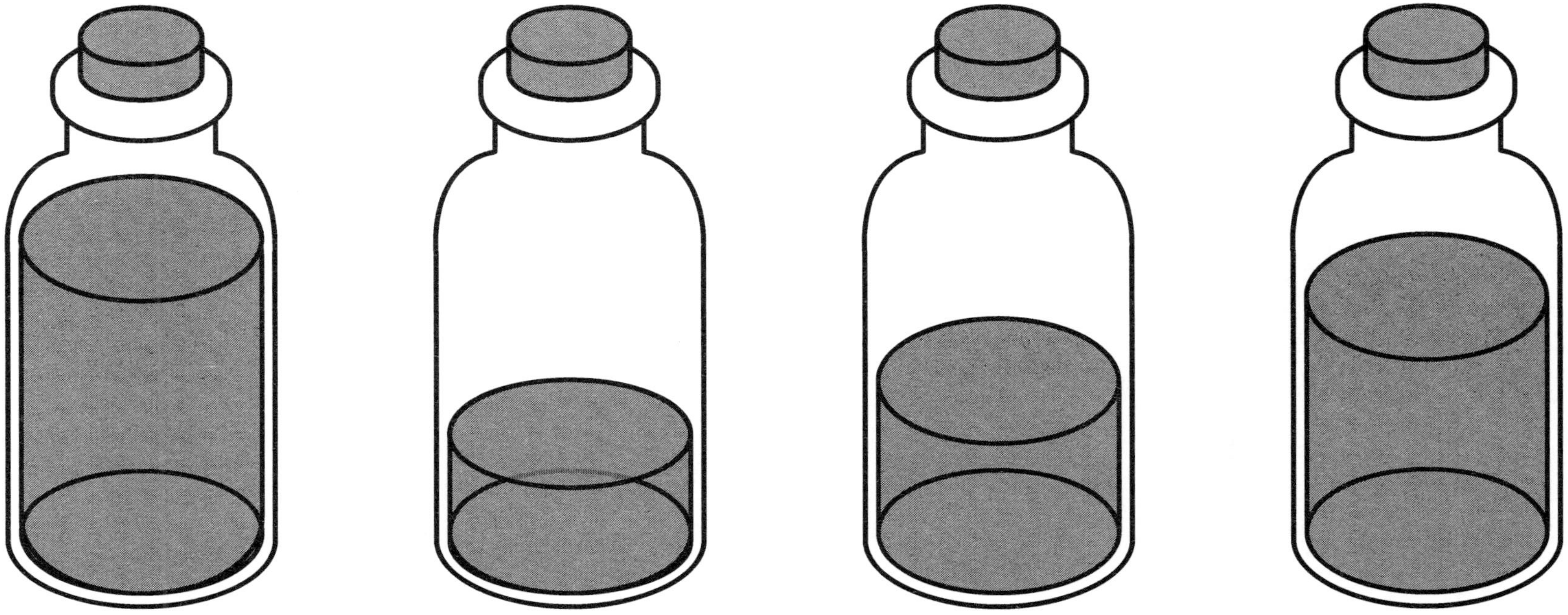

問題２８

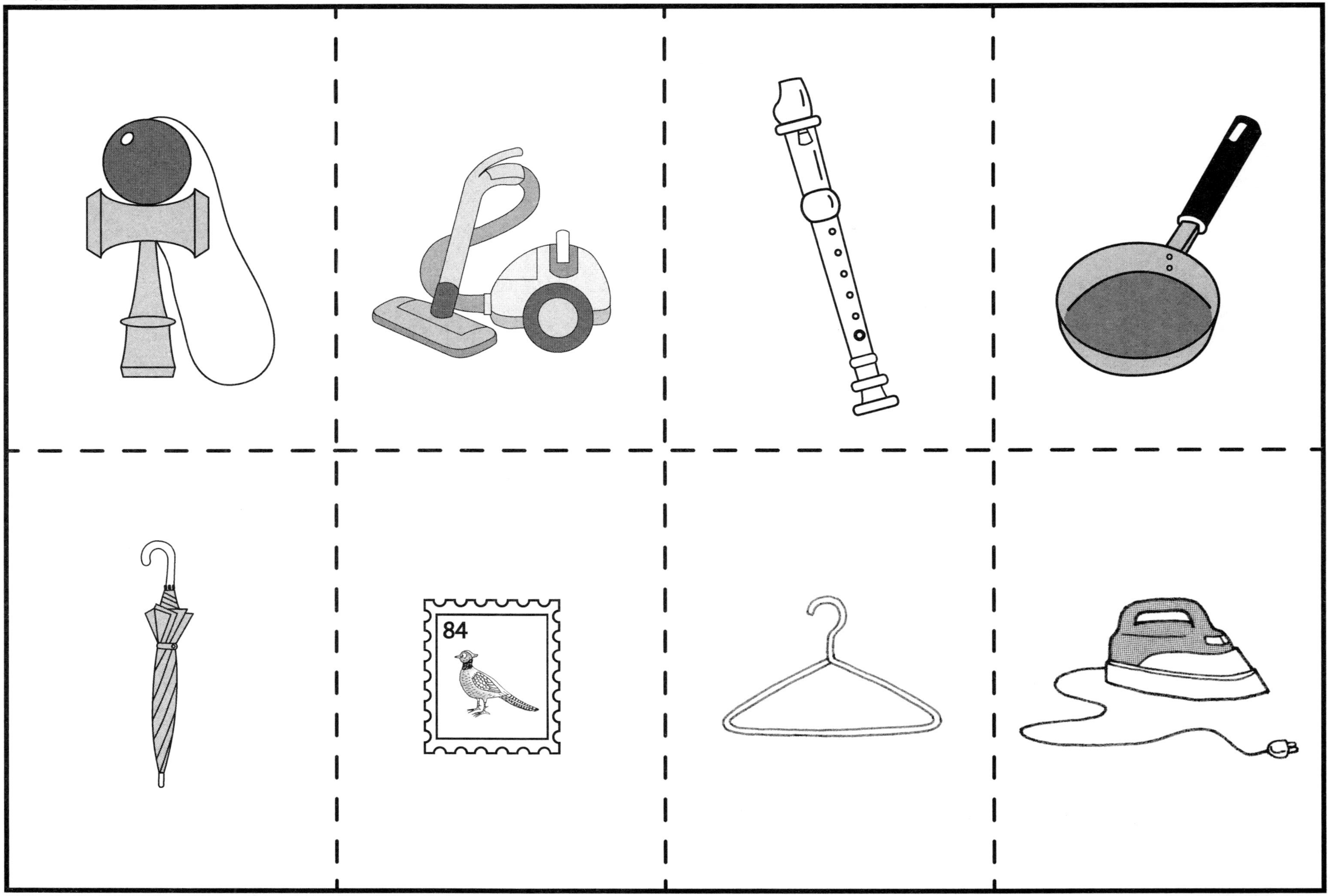

問題２９－１

☆桐朋小学校

2022年度版 桐朋学園・桐朋小 過去 無断複製／転載を禁ずる　日本学習図書株式会社

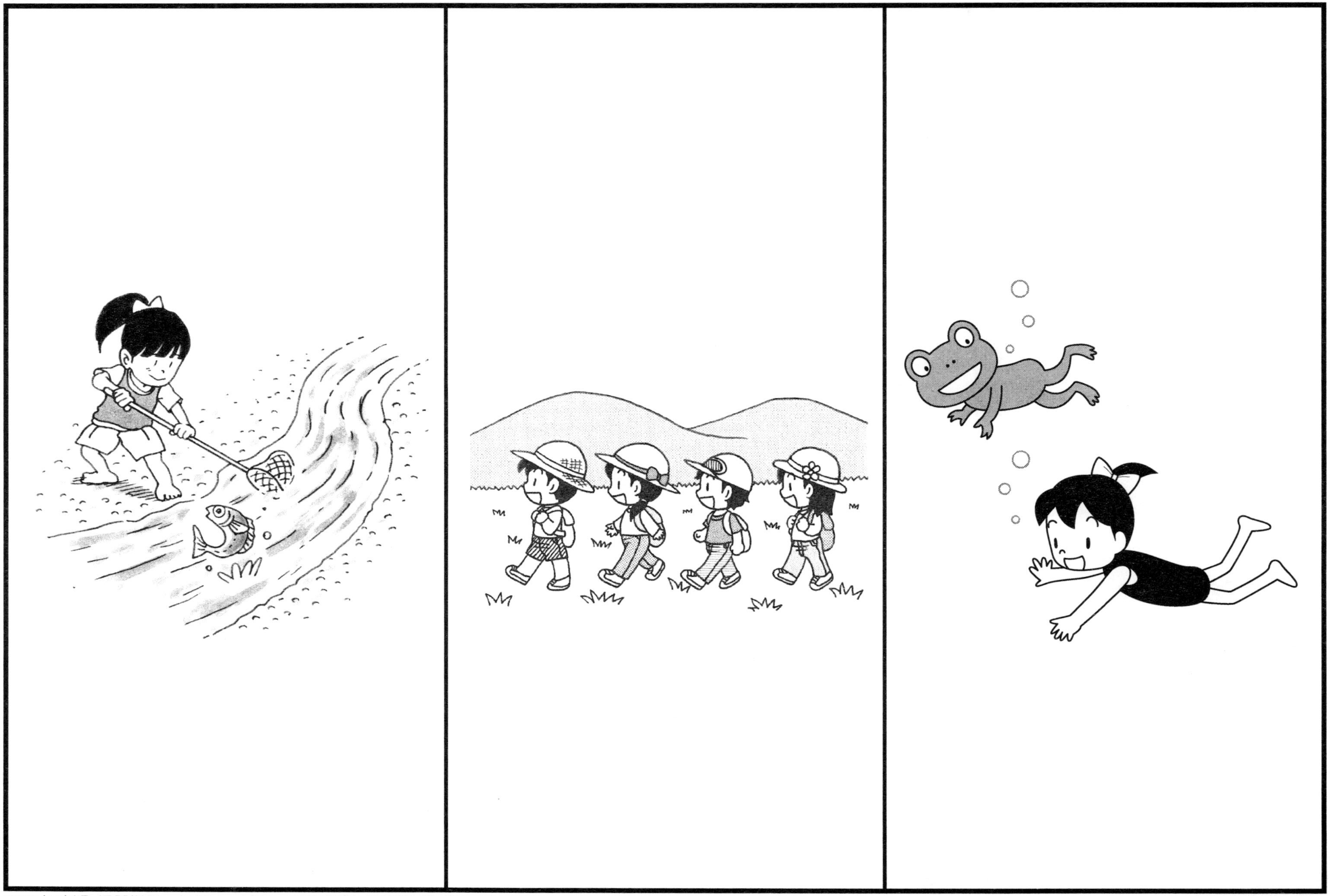

問題２９－２

問題30

制作例

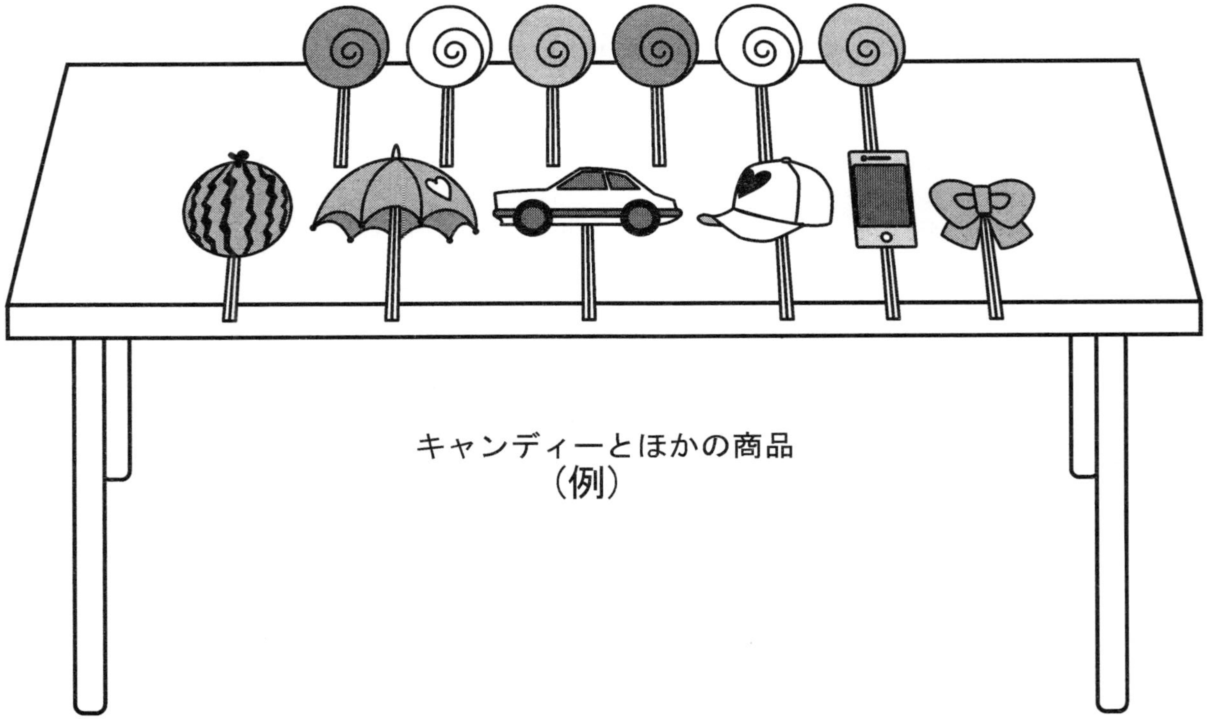

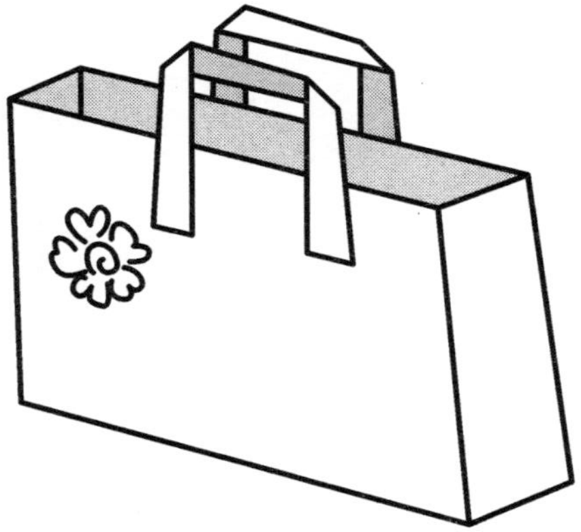

お買い物バッグ

お買い物券

問題３２

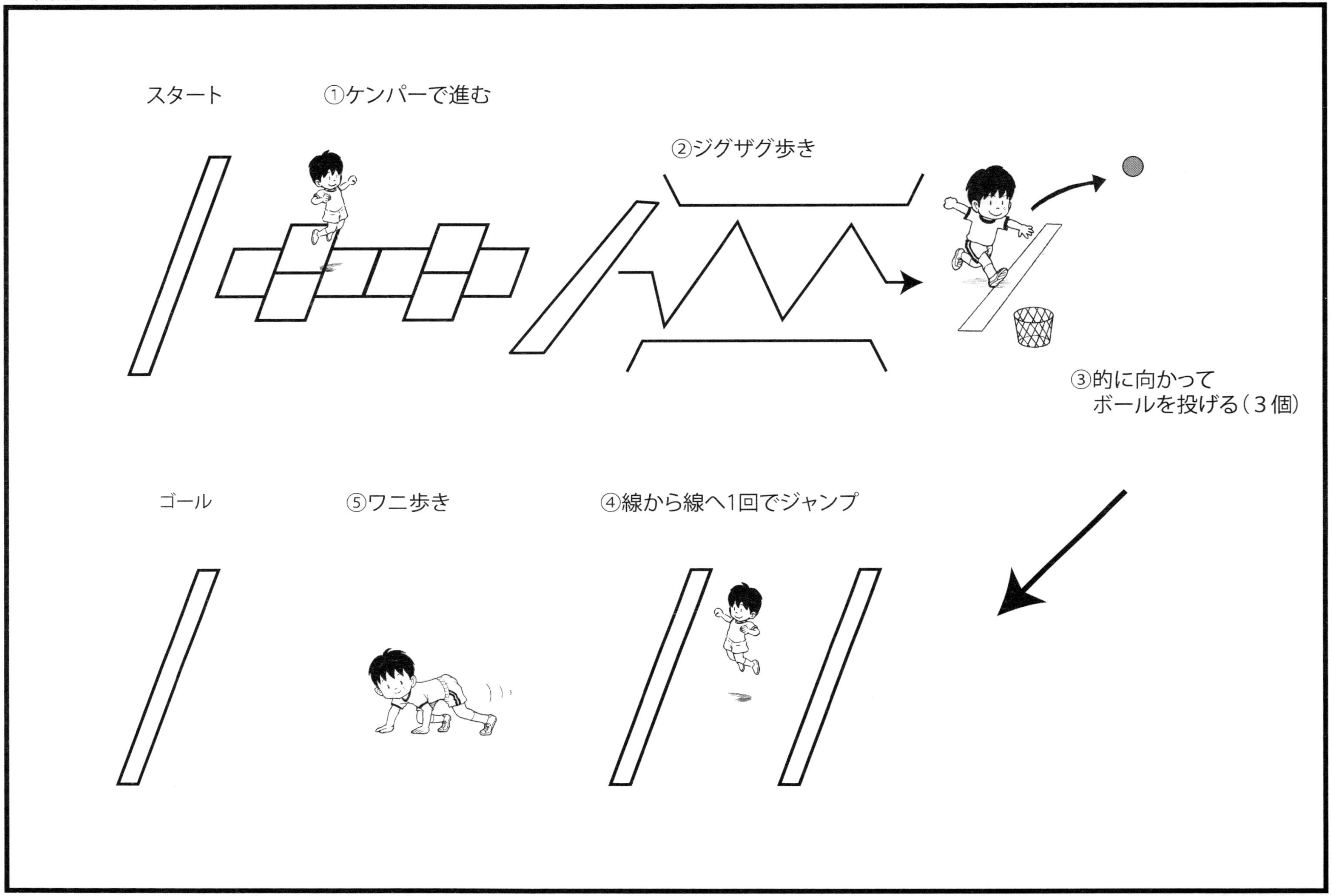
スタート
①ケンパーで進む
②ジグザグ歩き
③的に向かって
ボールを投げる（３個）
④線から線へ1回でジャンプ
⑤ワニ歩き
ゴール

問題３３

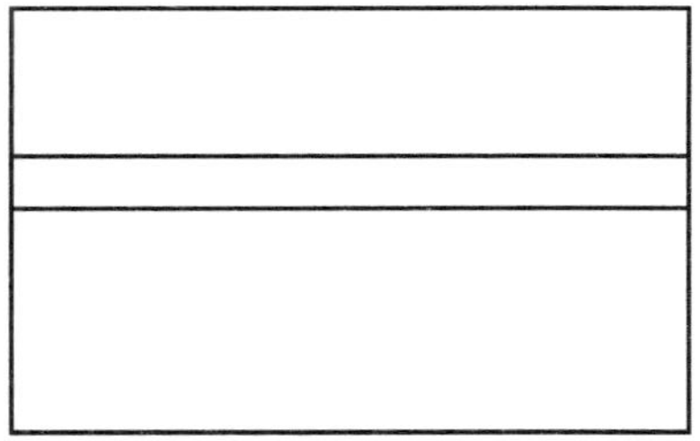

準備／白の画用紙１枚に太線を書いておく

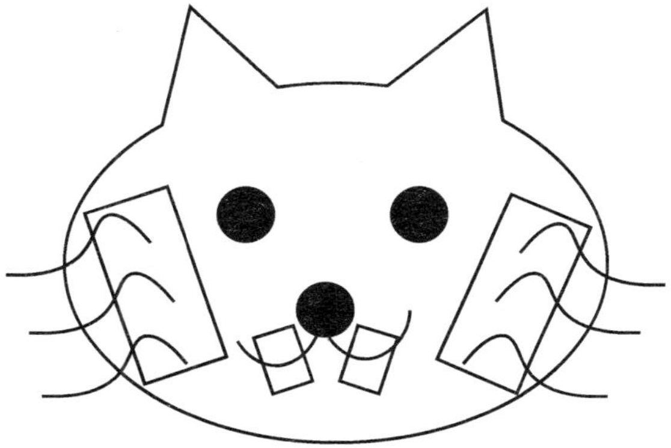

①お面の顔部分を作ります。顔は何でも構いません。
この制作例では、ネコのお面を作ります。
黒の画用紙で目と鼻の部分。これは液体のりで貼りました。
白の画用紙で顔の輪郭部分。
ひげと口の部分はモールです。それをセロハンテープで貼っています。

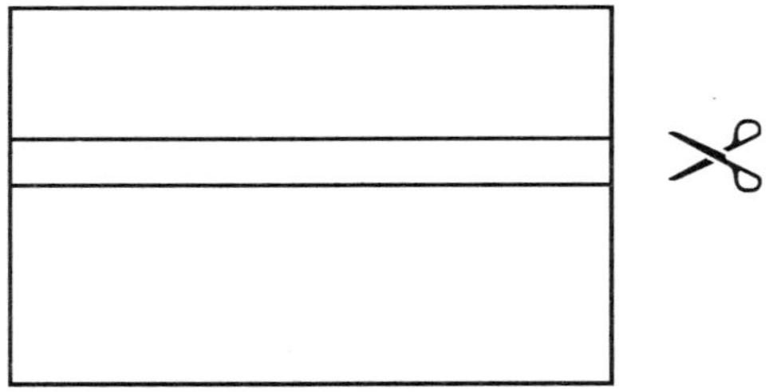

②太線に沿って画用紙を切ります。

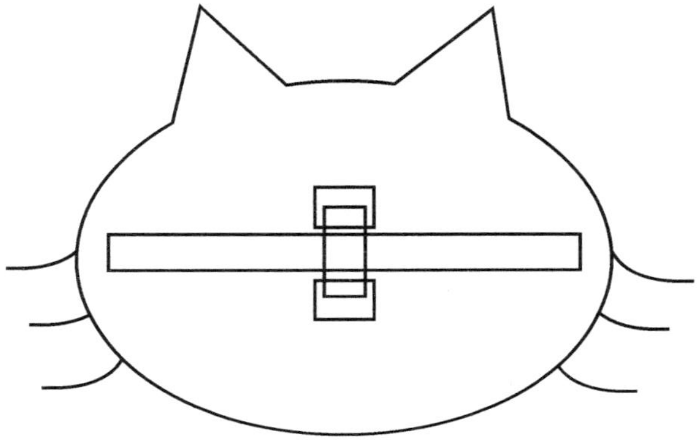

③切った画用紙をお面の裏側に貼ります。
取れないようにセロハンテープで
補強してください。
切った画用紙の両端を自分の頭に
合わせ、セロハンテープで貼って完成です。

問題3 4

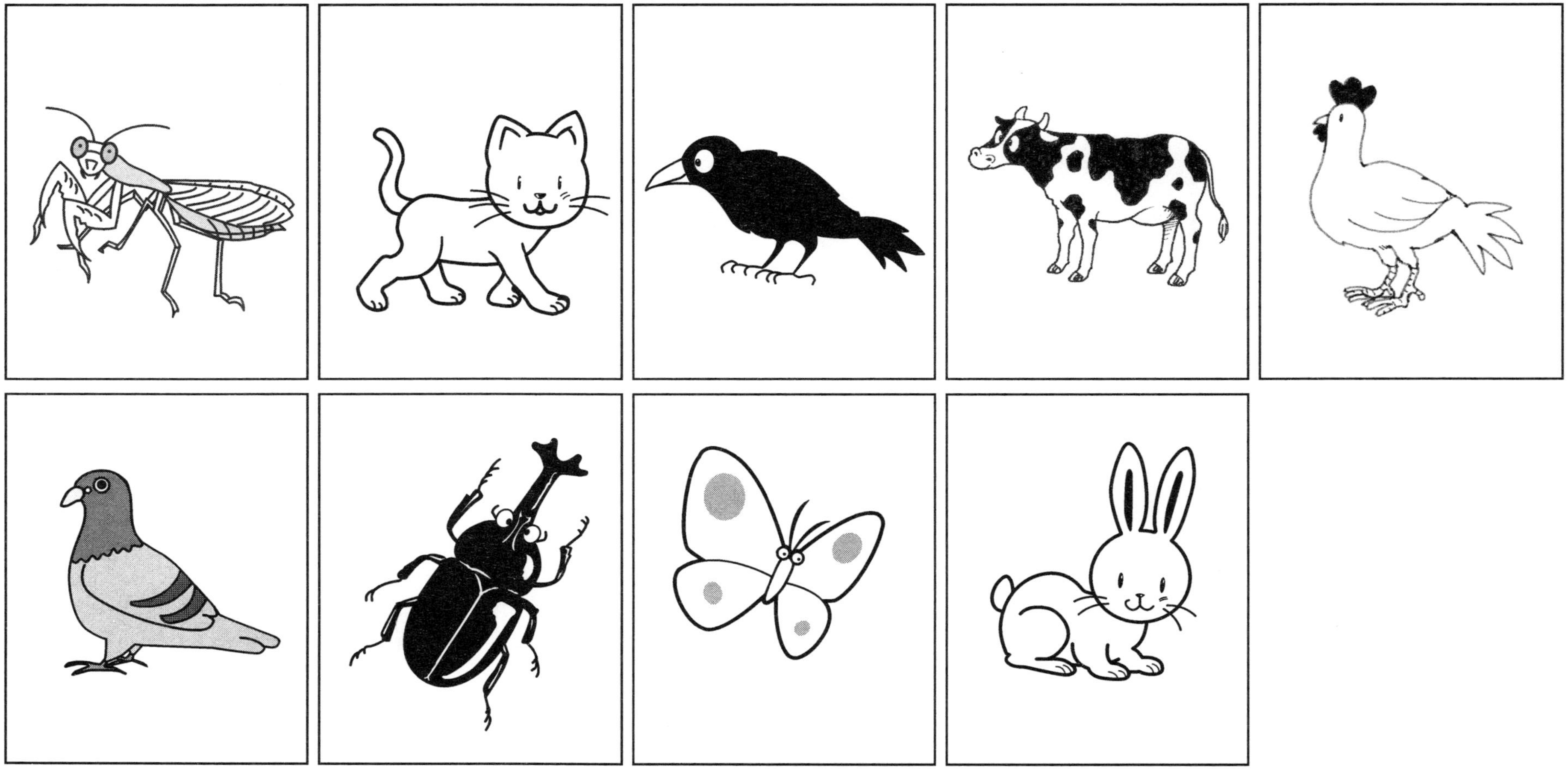

問題３５

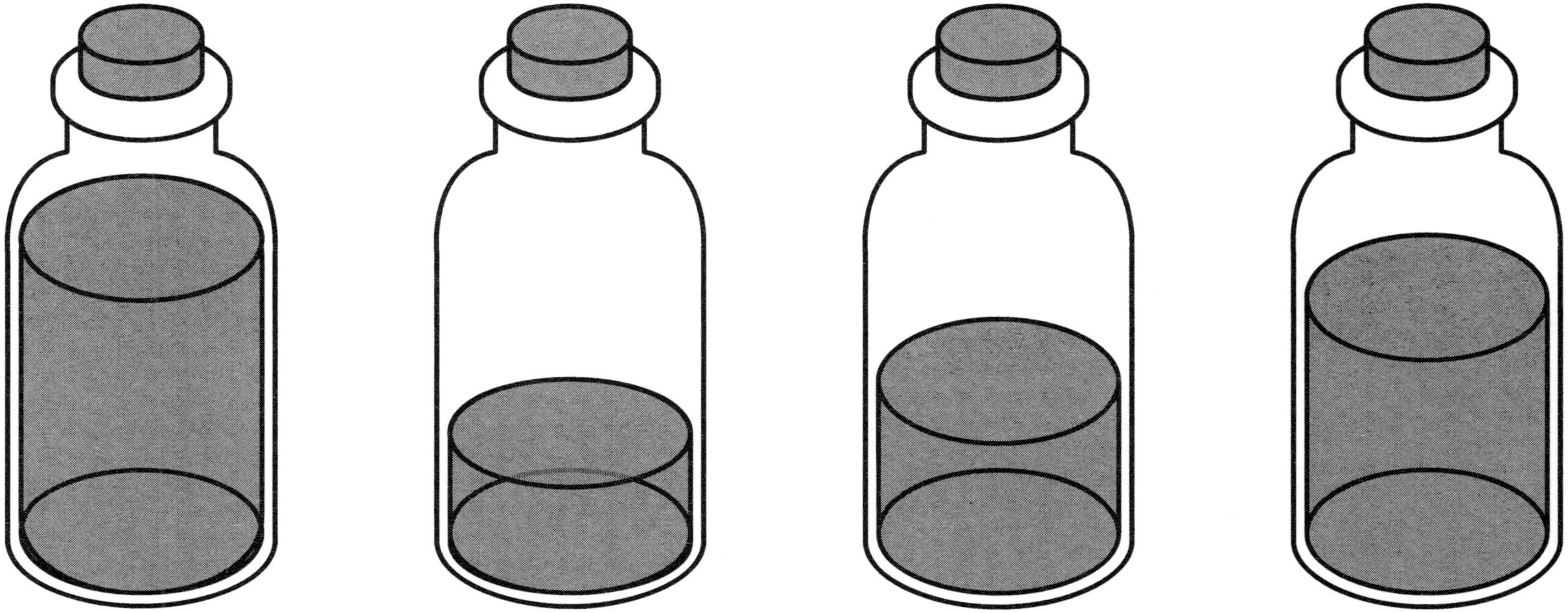

②

①

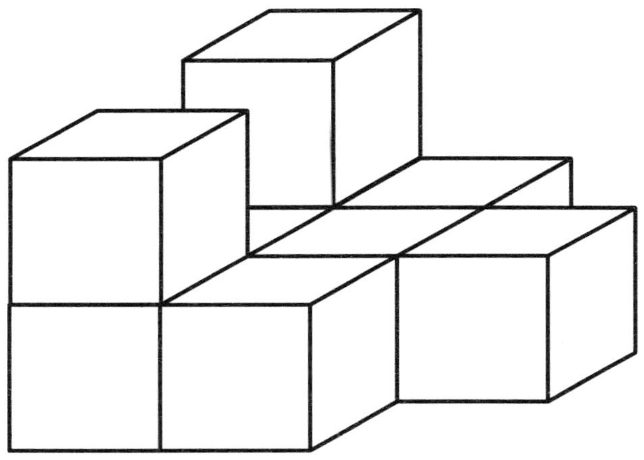

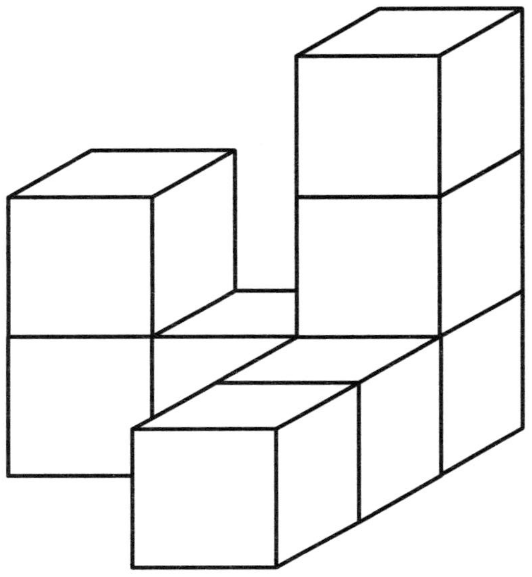

問題３８

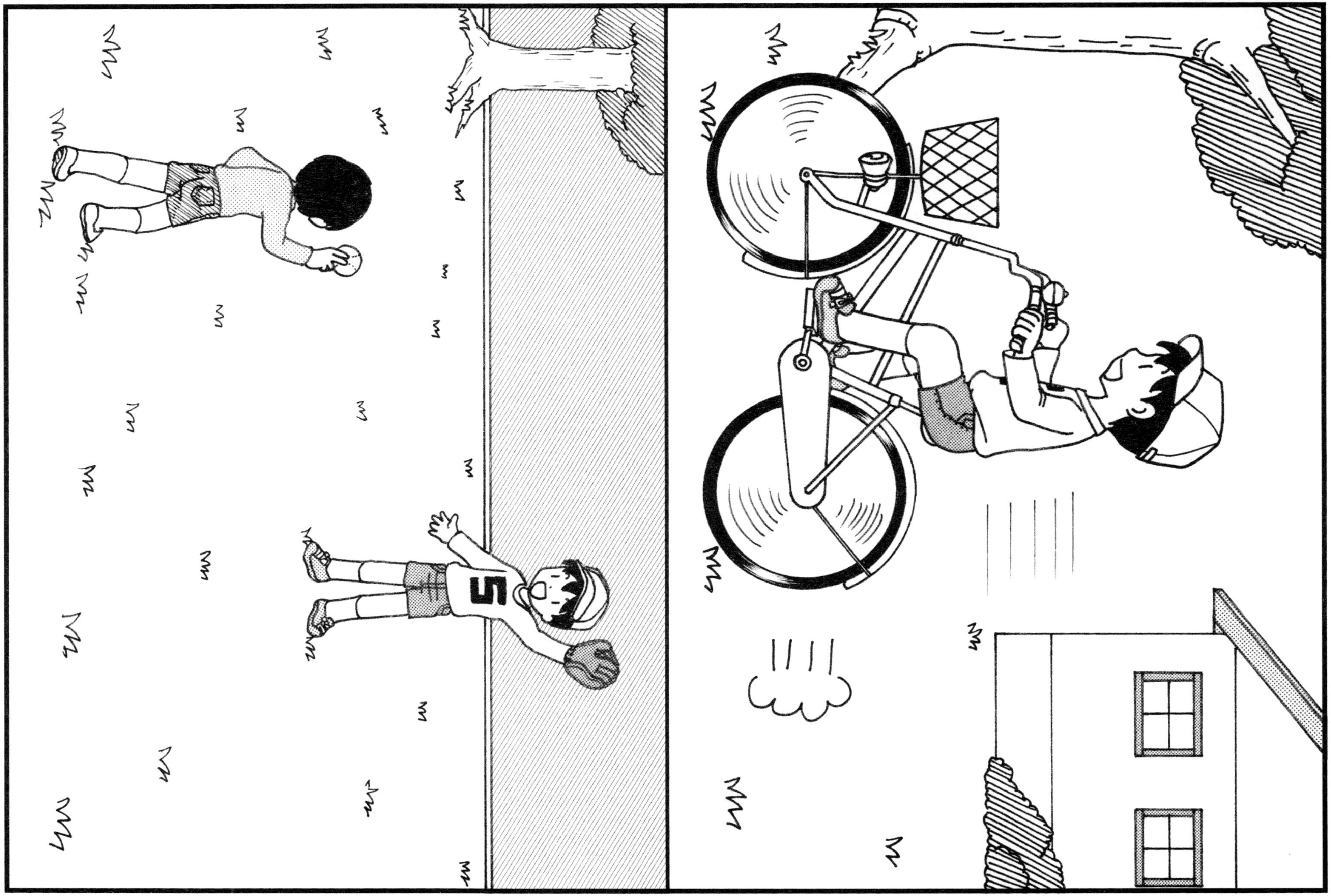

問題３９

制作例

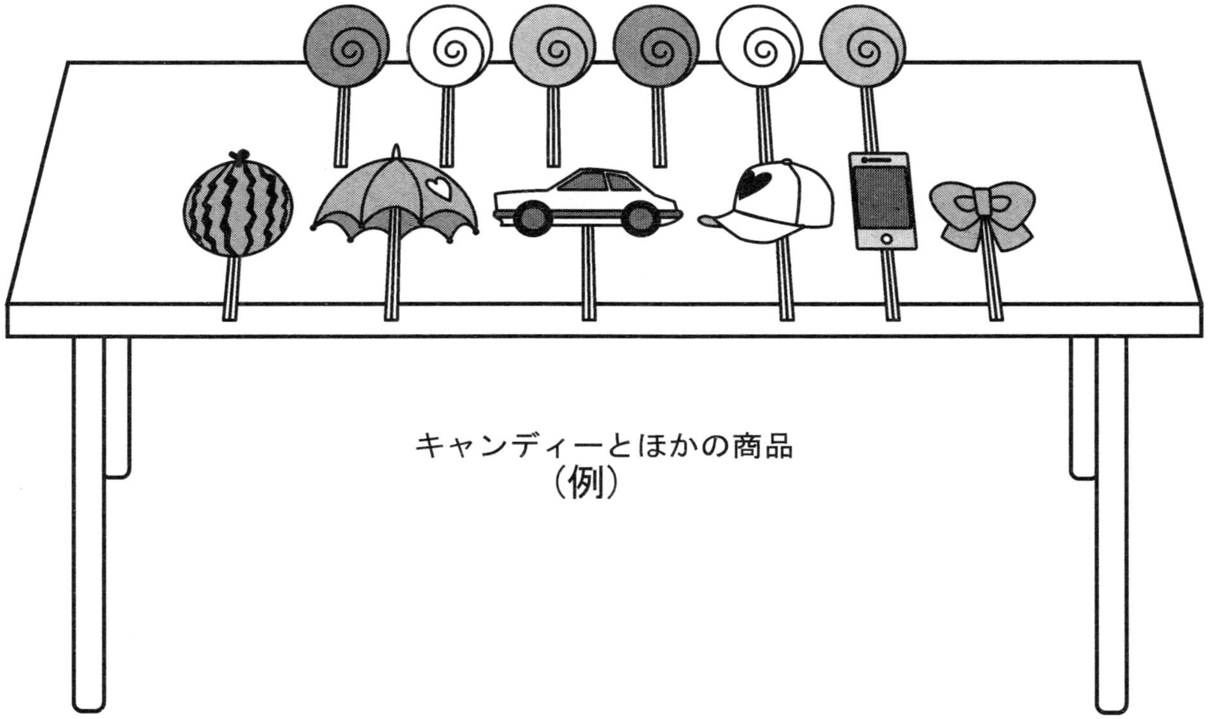

お買い物バッグ

お買い物券

☆桐朋小学校

問題４１

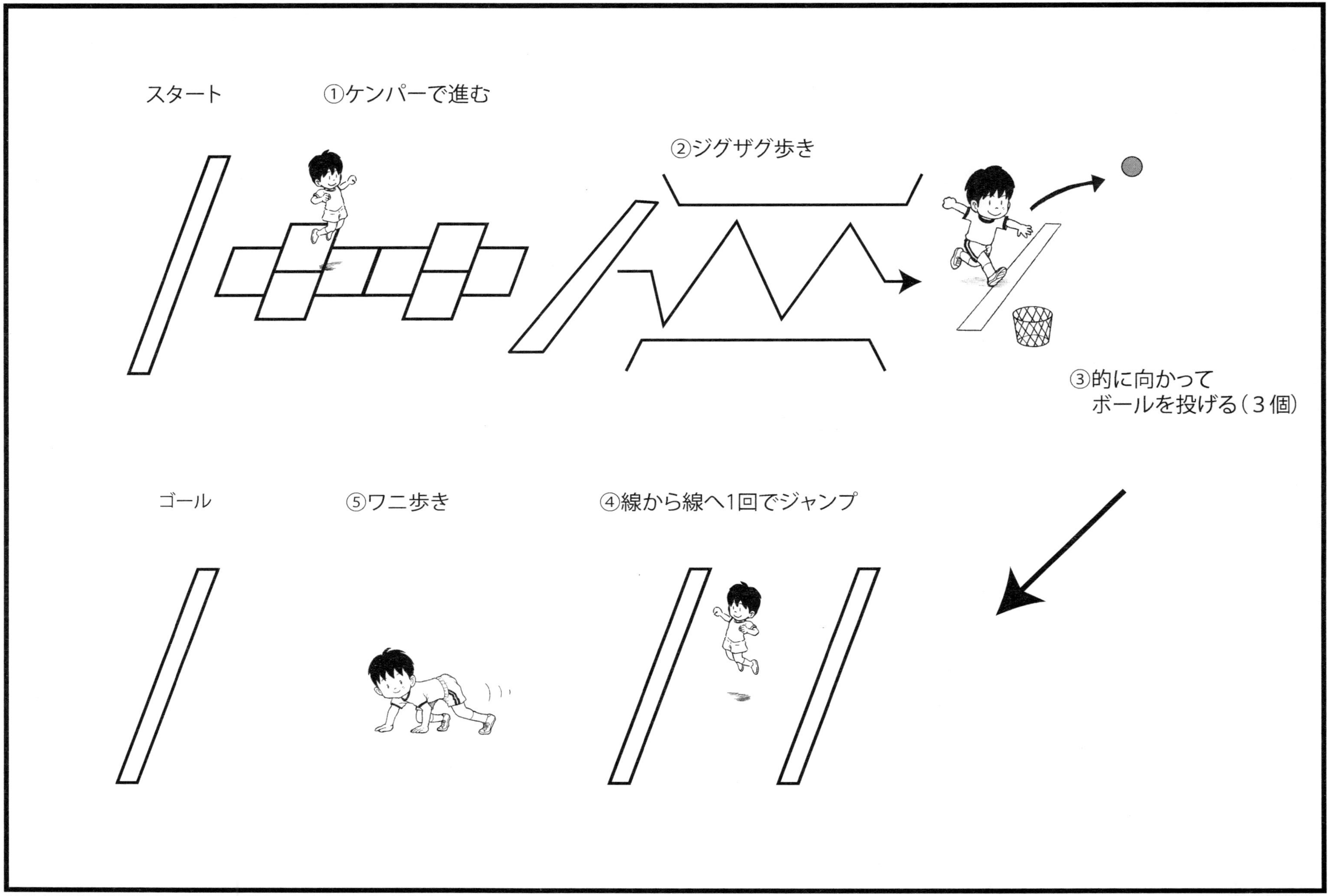
スタート
①ケンパーで進む
②ジグザグ歩き
③的に向かって
ボールを投げる（３個）
④線から線へ1回でジャンプ
⑤ワニ歩き
ゴール

桐朋小学校　専用注文書

年　　月　　日

合格のための問題集ベスト・セレクション

＊入試頻出分野ベスト３

1st　口頭試問

聞く力　話す力　思考力

2nd　制　作

聞く力　巧緻性

3rd　運　動

聞く力　集中力

口頭試問は、年度によって出題される分野が異なるので、幅広く学習をしておく必要があります。また、今年度は保護者アンケートも実施されたので、保護者の方の準備も怠らないようにしてください。

分野	書　名	価格(税込)	注文	分野	書　名	価格(税込)	注文
図形	Ｊｒ・ウォッチャー３「パズル」	1,650円	冊	常識	Ｊｒ・ウォッチャー55「理科②」	1,650円	冊
図形	Ｊｒ・ウォッチャー４「同図形探し」	1,650円	冊	推理	Ｊｒ・ウォッチャー58「比較②」	1,650円	冊
図形	Ｊｒ・ウォッチャー９「合成」	1,650円	冊	推理	Ｊｒ・ウォッチャー59「欠所補完」	1,650円	冊
常識	Ｊｒ・ウォッチャー11「いろいろな仲間」	1,650円	冊		実践 ゆびさきトレーニング①・②・③	2,750円	各　冊
常識	Ｊｒ・ウォッチャー12「日常生活」	1,650円	冊		新 口頭試問・個別テスト問題集	2,750円	冊
推理	Ｊｒ・ウォッチャー15「比較」	1,650円	冊		新ノンペーパーテスト問題集	2,860円	冊
数量	Ｊｒ・ウォッチャー16「積み木」	1,650円	冊		新 運動テスト問題集	2,420円	冊
想像	Ｊｒ・ウォッチャー21「お話作り」	1,650円	冊		家庭で行う 面接テスト問題集	2,200円	冊
巧緻性	Ｊｒ・ウォッチャー23「切る・貼る・塗る」	1,650円	冊		新・小学校受験 願書・アンケート・作文 文例集500	2,860円	冊
常識	Ｊｒ・ウォッチャー27「理科」	1,650円	冊				
運動	Ｊｒ・ウォッチャー28「運動」	1,650円	冊				
行動観察	Ｊｒ・ウォッチャー29「行動観察」	1,650円	冊				
数量	Ｊｒ・ウォッチャー40「数を分ける」	1,650円	冊				
図形	Ｊｒ・ウォッチャー53「四方からの観察　積み木編」	1,650円	冊				

合計	冊	円

(フリガナ) 氏　名	電　話 ＦＡＸ E-mail
住 所 〒　　　－	以前にご注文されたことはございますか。 有 ・ 無

★お近くの書店、または記載の電話・FAX・ホームページにてご注文をお受けしております。
電話：03-5261-8951　FAX：03-5261-8953　代金は書籍合計金額＋送料がかかります。
※なお、落丁・乱丁以外の理由による商品の返品・交換には応じかねます。
★ご記入頂いた個人に関する情報は、当社にて厳重に管理致します。なお、ご購入の商品発送の他に、当社発行の書籍案内、書籍に関する調査に使用させて頂く場合がございますので、予めご了承ください。

日本学習図書株式会社
http://www.nichigaku.jp

図書カード1000円分プレゼント

ご記入日　令和　　年　　月　　日

☆国・私立小学校受験アンケート☆

※可能な範囲でご記入下さい。選択肢は○で囲んで下さい。

〈小学校名〉＿＿＿＿＿＿＿＿＿＿　〈お子さまの性別〉男・女　〈誕生月〉＿＿月

〈その他の受験校〉（複数回答可）＿＿＿＿＿＿＿＿＿＿

〈受験日〉①：　月　日〈時間〉　時　分　～　時　分

②：　月　日〈時間〉　時　分　～　時　分

〈受験者数〉男女計＿＿名（男子＿＿名　女子＿＿名）

〈お子さまの服装〉＿＿＿＿＿＿＿＿＿＿

〈入試全体の流れ〉（記入例）準備体操→行動観察→ペーパーテスト

＿＿＿＿＿＿＿＿＿＿

Eメールによる情報提供

日本学習図書では、Eメールでも入試情報を募集しております。

下記のアドレスに、アンケートの内容をご入力の上、メールをお送り下さい。

ojuken@nichigaku.jp

●行動観察　（例）好きなおもちゃで遊ぶ・グループで協力するゲームなど

〈実施日〉　月　日〈時間〉　時　分　～　時　分〈着替え〉□有　□無

〈出題方法〉□肉声　□録音　□その他（　　　　）〈お手本〉□有　□無

〈試験形態〉□個別　□集団（　　人程度）

〈会場図〉

〈内容〉

□自由遊び

＿＿＿＿＿＿＿＿＿＿

□グループ活動

＿＿＿＿＿＿＿＿＿＿

□その他

＿＿＿＿＿＿＿＿＿＿

●運動テスト（有・無）　（例）跳び箱・チームでの競争など

〈実施日〉　月　日〈時間〉　時　分　～　時　分〈着替え〉□有　□無

〈出題方法〉□肉声　□録音　□その他（　　　　）〈お手本〉□有　□無

〈試験形態〉□個別　□集団（　　人程度）

〈会場図〉

〈内容〉

□サーキット運動

□走り　□跳び箱　□平均台　□ゴム跳び

□マット運動　□ボール運動　□なわ跳び

□クマ歩き

□グループ活動＿＿＿＿＿＿＿＿＿＿

□その他＿＿＿＿＿＿＿＿＿＿

●知能テスト・口頭試問

〈実施日〉　　月　　日　〈時間〉　　時　　分　～　　時　　分　〈お手本〉□有　□無

〈出題方法〉　□肉声　□録音　□その他（　　　　　　）〈問題数〉　＿＿枚　＿＿問

分野	方法	内　容	詳　細・イ　ラ　ス　ト
（例） お話の記憶	☑筆記 □口頭	動物たちが待ち合わせをする話	（あらすじ） 動物たちが待ち合わせをした。最初にウサギさんが来た。次にイヌくんが、その次にネコさんが来た。最後にタヌキくんが来た。 （問題・イラスト） ３番目に来た動物は誰か 
お話の記憶	□筆記 □口頭		（あらすじ） （問題・イラスト）
図形	□筆記 □口頭		
言語	□筆記 □口頭		
常識	□筆記 □口頭		
数量	□筆記 □口頭		
推理	□筆記 □口頭		
その他	□筆記 □口頭		

●制作 （例）ぬり絵・お絵かき・工作遊びなど

〈実施日〉＿＿月＿＿日 〈時間〉＿＿時＿＿分＿＿～＿＿時＿＿分

〈出題方法〉 □肉声 □録音 □その他（　　　　　　） 〈お手本〉□有 □無

〈試験形態〉 □個別 □集団（　　　　人程度）

材料・道具	制作内容
□ハサミ □のり（□つぼ □液体 □スティック） □セロハンテープ □鉛筆 □クレヨン（　色） □クーピーペン（　色） □サインペン（　色）□ □画用紙（□ A4 □ B4 □ A3 □その他：　　　　　　） □折り紙 □新聞紙 □粘土 □その他（　　　　　　）	□切る □貼る □塗る □ちぎる □結ぶ □描く □その他（　　　　　　） タイトル：＿＿＿＿＿＿＿＿＿＿

●面接

〈実施日〉＿＿月＿＿日 〈時間〉＿＿時＿＿分＿＿～＿＿時＿＿分〈面接担当者〉＿＿名

〈試験形態〉□志願者のみ（　　）名 □保護者のみ □親子同時 □親子別々

〈質問内容〉

□志望動機 □お子さまの様子

□家庭の教育方針

□志望校についての知識・理解

□その他（　　　　　　　　　　）

（ 詳 細 ）

・

・

・

・

※試験会場の様子をご記入下さい。

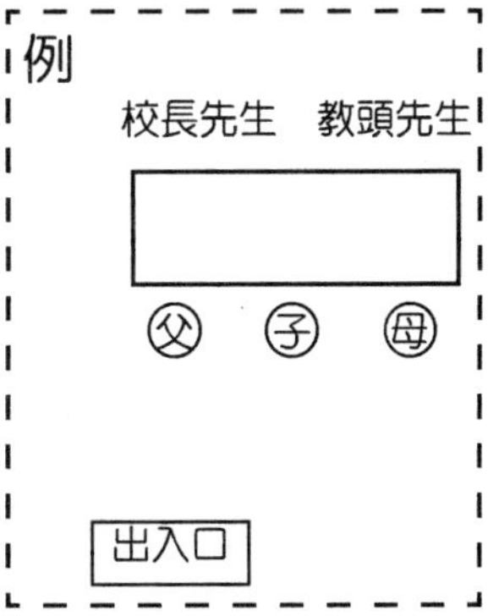

●保護者作文・アンケートの提出（有・無）

〈提出日〉 □面接直前 □出願時 □志願者考査中 □その他（　　　　　　　　）

〈下書き〉 □有 □無

〈アンケート内容〉

（記入例）当校を志望した理由はなんですか（150 字）

●**説明会**（□有　□無）〈開催日〉　月　日〈時間〉　時　分　～　時　分

〈上履き〉　□要　□不要　〈願書配布〉　□有　□無　〈校舎見学〉　□有　□無

〈ご感想〉

●**参加された学校行事**（複数回答可）

公開授業〈開催日〉　月　日〈時間〉　時　分　～　時　分

運動会など〈開催日〉　月　日〈時間〉　時　分　～　時　分

学習発表会・音楽会など〈開催日〉　月　日〈時間〉　時　分　～　時　分

〈ご感想〉

※是非参加したほうがよいと感じた行事について

●**受験を終えてのご感想、今後受験される方へのアドバイス**

※対策学習（重点的に学習しておいた方がよい分野）、当日準備しておいたほうがよい物など

＊＊＊＊＊＊＊＊＊＊＊＊＊　ご記入ありがとうございました　＊＊＊＊＊＊＊＊＊＊＊＊＊

必要事項をご記入の上、ポストにご投函ください。

なお、本アンケートの送付期限は入試終了後３ヶ月とさせていただきます。また、入試に関する情報の記入量が当社の基準に満たない場合、謝礼の送付ができないことがございます。あらかじめご了承ください。

ご住所：〒＿＿＿＿＿＿＿＿＿＿＿＿＿＿＿＿＿＿＿＿

お名前：＿＿＿＿＿＿＿＿＿＿　メール：＿＿＿＿＿＿＿＿＿＿

ＴＥＬ：＿＿＿＿＿＿＿＿＿＿　ＦＡＸ：＿＿＿＿＿＿＿＿＿＿

ご記入頂いた個人に関する情報は、当社にて厳重に管理致します。弊社の個人情報取り扱いに関する詳細は、www.nichigaku.jp/policy.php の「個人情報の取り扱い」をご覧下さい。

分野別 小学入試練習帳 ジュニアウォッチャー

1．点・線図形	小学校入試で出題頻度の高い『点・線図形』の模写を、難易度の低いものから段階別に幅広く練習することができるように構成。
2．座標	図形の位置模写という作業を、難易度の低いものから段階別に練習できるように構成。
3．パズル	様々なパズルの問題を難易度の低いものから段階別に練習できるように構成。
4．同図形探し	小学校入試で出題頻度の高い、同図形選びの問題を繰り返し練習できるように構成。
5．回転・展開	図形などを回転、または展開したとき、形がどのように変化するかを学習し、理解を深められるように構成。
6．系列	数、図形などの様々な系列問題を、難易度の低いものから段階別に練習できるように構成。
7．迷路	迷路の問題を繰り返し練習できるように構成。
8．対称	対称に関する問題を４つのテーマに分類し、各テーマごとに問題を段階別に練習できるように構成。
9．合成	図形の合成に関する問題を、難易度の低いものから段階別に練習できるように構成。
10．四方からの観察	もの（立体）を様々な角度から見て、どのように見えるかを推理する問題を段階別に整理し、１つの形式で複数の問題を練習できるように構成。
11．いろいろな仲間	ものや動物、植物の共通点を見つけ、分類していく問題を中心に構成。
12．日常生活	日常生活における様々な問題を６つのテーマに分類し、各テーマごとに一つの問題形式で複数の問題を練習できるように構成。
13．時間の流れ	『時間』に着目し、様々なものごとは、時間が経過するとどのように変化するのかということを学習し、理解できるように構成。
14．数える	様々なものを『数える』ことから、数の多少の判定やかけ算、わり算の基礎までを練習できるように構成。
15．比較	比較に関する問題を５つのテーマ（数、高さ、長さ、量、重さ）に分類し、各テーマごとに問題を段階別に練習できるように構成。
16．積み木	数える対象を積み木に限定した問題集。
17．言葉の音遊び	言葉の音に関する問題を５つのテーマに分類し、各テーマごとに問題を段階別に練習できるように構成。
18．いろいろな言葉	表現力をより豊かにするいろいろな言葉として、擬態語や擬声語、同音異義語、反意語、数詞を取り上げた問題集。
19．お話の記憶	お話を聴いてその内容を記憶、理解し、設問に答える形式の問題集。
20．見る記憶・聴く記憶	「見て憶える」「聴いて憶える」という『記憶』分野に特化した問題集。
21．お話作り	いくつかの絵を元にしてお話を作る練習をして、想像力を養うことができるように構成。
22．想像画	描かれてある形や景色に好きな絵を描くことにより、想像力を養うことができるように構成。
23．切る・貼る・塗る	小学校入試で出題頻度の高い、はさみやのりなどを用いた巧緻性の問題を繰り返し練習できるように構成。
24・絵画	小学校入試で出題頻度の高い、お絵かきやぬり絵などクレヨンやクーピーペンを用いた巧緻性の問題を繰り返し練習できるように構成。
25．生活巧緻性	小学校入試で出題頻度の高い日常生活の様々な場面における巧緻性の問題集。
26．文字・数字	ひらがなの清音、濁音、拗音、拗長音、促音と１～20までの数字に焦点を絞り、練習できるように構成。
27．理科	小学校入試で出題頻度が高くなりつつある理科の問題を集めた問題集。
28．運動	出題頻度の高い運動問題を種目別に分けて構成。
29．行動観察	項目ごとに問題提起をし、「このような時はどうか、あるいはどう対処するのか」の観点から問いかける形式の問題集。
30．生活習慣	学校から家庭に提起された問題と思って、一問一問絵を見ながら話し合い、考える形式の問題集。

31．推理思考	数、量、言語、常識（含理科、一般）など、諸々のジャンルから問題を構成し、近年の小学校入試問題傾向に沿って構成。
32．ブラックボックス	箱や筒の中を通ると、どのようなお約束でどのように変化するかを推理・思考する問題集。
33．シーソー	重さの違うものをシーソーに乗せた時どちらに傾くのか、またどうすればシーソーは釣り合うのかを思考する基礎的な問題集。
34．季節	様々な行事や植物などを季節別に分類できるように知識をつける問題集。
35．重ね図形	小学校入試で頻繁に出題されている「図形を重ね合わせてできる形」についての問題を集めました。
36．同数発見	様々な物を数え「同じ数」を発見し、数の多少の判断や数の認識の基礎を学べるように構成した問題集。
37．選んで数える	数の学習の基本となる、いろいろなものの数を正しく数える学習を行う問題集。
38．たし算・ひき算１	数字を使わず、たし算とひき算の基礎を身につけるための問題集。
39．たし算・ひき算２	数字を使わず、たし算とひき算の基礎を身につけるための問題集。
40．数を分ける	数を等しく分ける問題です。等しく分けたときに余りが出るものもあります。
41．数の構成	ある数がどのような数で構成されているか学んでいきます。
42．一対多の対応	一対一の対応から、一対多の対応まで、かけ算の考え方の基礎学習を行います。
43．数のやりとり	あげたり、もらったり、数の変化をしっかりと学びます。
44．見えない数	指定された条件から数を導き出します。
45．図形分割	図形の分割に関する問題集。パズルや合成の分野にも通じる様々な問題を集めました。
46．回転図形	「回転図形」に関する問題集。やさしい問題から始め、いくつかの代表的なパターンから、段階を踏んで学習できるよう編集されています。
47．座標の移動	「マス目の指示通りに移動する問題」と「指示された数だけ移動する問題」を収録。
48．鏡図形	鏡で左右反転させた時の見え方を考えます。平面図形から立体図形、文字、絵まで。
49．しりとり	すべての学習の基礎となる「言葉」を学ぶこと、特に「語彙」を増やすことに重点をおき、さまざまなタイプの「しりとり」問題を集めました。
50．観覧車	観覧車やメリーゴーラウンドなどを舞台にした「回転系列」の問題集。「推理思考」分野の問題ですが、要素として「図形」や「数量」も含みます。
51．運筆①	鉛筆の持ち方を学び、点線なぞり、お手本を見ながらの模写で、線を引く練習をします。
52．運筆②	運筆①からさらに発展し、「欠所補完」や「迷路」などを楽しみながら、より複雑な鉛筆運びを習得することを目指します。
53．四方からの観察 積み木編	積み木を使用した「四方からの観察」に関する問題を練習できるように構成。
54．図形の構成	見本の図形がどのような部分によって形づくられているかを考えます。
55．理科②	理科的知識に関する問題を集中して練習する「常識」分野の問題集。
56．マナーとルール	道路や駅、公共の場でのマナー、安全や衛生に関する常識を学べるように構成。
57．置き換え	さまざまな具体的・抽象的事象を記号で表す「置き換え」の問題を扱います。
58．比較②	長さ・高さ・体積・数などを数学的な知識を使わず、論理的に推測する「比較」の問題を練習できるように構成。
59．欠所補完	線と線のつながり、欠けた絵に当てはまるものなどを求める「欠所補完」に取り組める問題集です。
60．言葉の音（おん）	しりとり、決まった順番の音をつなげるなど、「言葉の音」に関する問題に取り組める練習問題集です。

◆◆ニチガクのおすすめ問題集◆◆

より充実した家庭学習を目指し、ニチガクではさまざまな問題集をとりそろえております!!

サクセスウォッチャーズ（全18巻）

①～⑱
本体各￥2,200＋税

全9分野を「基礎必修編」「実力アップ編」の2巻でカバーした、合計18冊。

各巻80問と豊富な問題数に加え、他の問題集では掲載していない詳しいアドバイスが、お子さまを指導する際に役立ちます。

各ページが、すぐに使えるミシン目付き。本番を意識したドリルワークが可能です。

ジュニアウォッチャー（既刊60巻）

①～⑥⓪（以下続刊）
本体各￥1,500＋税

入試出題頻度の高い9分野を、さらに60の項目にまで細分化。基礎学習に最適のシリーズ。

苦手分野におけるつまずきを、効率よく克服するための60冊です。

ポイントが絞られているため、無駄なく高い効果を得られます。

国立・私立NEWウォッチャーズ

言語／理科／図形／記憶
常識／数量／推理
本体各￥2,000＋税

シリーズ累計発行部数40万部以上を誇る大ベストセラー「ウォッチャーズシリーズ」の趣旨を引き継ぐ新シリーズ!!

実際に出題された過去問の「類題」を32問掲載。全問に「解答のポイント」付きだから家庭学習に最適です。「ミシン目」付き切り離し可能なプリント学習タイプ！

実践 ゆびさきトレーニング①・②・③

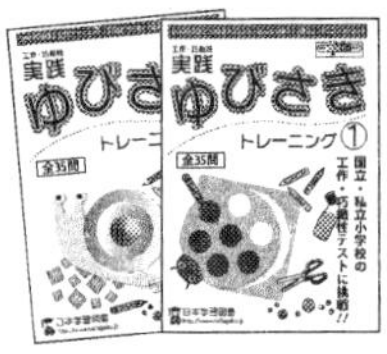

本体各￥2,500＋税

制作問題に特化した一冊。有名校が実際に出題した類似問題を35問掲載。

様々な道具の扱い（はさみ・のり・セロハンテープの使い方）から、手先・指先の訓練（ちぎる・貼る・塗る・切る・結ぶ）、また、表現することの楽しさも経験できる問題集です。

お話の記憶・読み聞かせ

［お話の記憶問題集］
中級／上級編
本体各￥2,000＋税

初級／過去類似編／ベスト30
本体各￥2,600＋税

1話5分の読み聞かせお話集①・②、入試実践編①
本体各￥1,800＋税

あらゆる学習に不可欠な、語彙力・集中力・記憶力・理解力・想像力を養うと言われているのが「お話の記憶」分野の問題。問題集は全問アドバイス付き。

分野別 苦手克服シリーズ（全6巻）

図形／数量／言語／
常識／記憶／推理
本体各￥2,000＋税

数量・図形・言語・常識・記憶の6分野。アンケートに基づいて、多くのお子さまがつまづきやすい苦手問題を、それぞれ40問掲載しました。

全問アドバイス付きですので、ご家庭において、そのつまづきを解消するためのプロセスも理解できます。

運動テスト・ノンペーパーテスト問題集

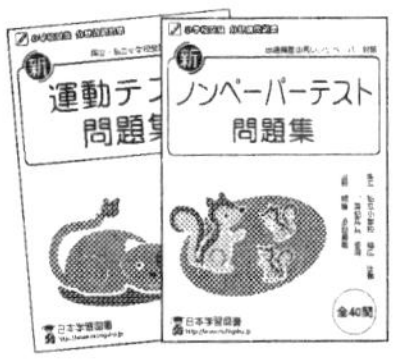

新 運動テスト問題集
本体￥2,200＋税

新 ノンペーパーテスト問題集
本体￥2,600＋税

ノンペーパーテストは国立・私立小学校で幅広く出題される、筆記用具を使用しない分野の問題を全40問掲載。

運動テスト問題集は運動分野に特化した問題集です。指示の理解や、ルールを守る訓練など、ポイントを押さえた学習に最適。全35問掲載。

口頭試問・面接テスト問題集

新 口頭試問・個別テスト問題集
本体￥2,500＋税

面接テスト問題集
本体￥2,000＋税

口頭試問は、主に個別テストとして口頭で出題解答を行うテスト形式。面接は、主に「考え」やふだんの「あり方」をたずねられるものです。

口頭で答える点は同じですが、内容は大きく異なります。想定する質問内容や答え方の幅を広げるために、どちらも手にとっていただきたい問題集です。

小学校受験 厳選難問集 ①・②

本体各￥2,600＋税

実際に出題された入試問題の中から、難易度の高い問題をピックアップし、アレンジした問題集。応用問題への挑戦は、基礎の理解度を測るだけでなく、お子さまの達成感・知的好奇心を触発します。

①は数量・図形・推理・言語、②は位置・常識・比較・記憶分野の難問を掲載。それぞれ40問。

国立小学校　対策問題集

国立小学校入試問題A・B・C（全3巻）本体各￥3,282＋税

新 国立小学校直前集中講座
本体￥3,000＋税

国立小学校頻出の問題を厳選。細かな指導方法やアドバイスが掲載してあり、効率的な学習が進められます。「総集編」は難易度別にA～Cの3冊。付録のレーダーチャートにより得意・不得意を認識でき、国立小学校受験対策に最適です。入試直前の対策には「新 直前集中講座」！

おうちでチャレンジ ①・②

本体各￥1,800＋税

関西最大級の模擬試験である小学校受験標準テストのペーパー問題を編集した実力養成に最適な問題集。延べ受験者数10,000人以上のデータを分析しお子さまの習熟度・到達度を一目で判別。

保護者必読の特別アドバイス収録！

Q&Aシリーズ

『小学校受験で知っておくべき125のこと』
『小学校受験に関する 保護者の悩みQ&A』
『新 小学校受験の入試面接Q&A』
『新 小学校受験 願書・アンケート文例集500』
本体各￥2,600＋税
『小学校受験のための
願書の書き方から面接まで』
本体￥2,500＋税

「知りたい！」「聞きたい！」「こんな時どうすれば…？」そんな疑問や悩みにお答えする、オススメの人気シリーズです。

書籍についてのご注文・お問い合わせ
☎ 03-5261-8951

http://www.nichigaku.jp
※ご注文方法、書籍についての詳細は、Webサイトをご覧ください。

日本学習図書　検索

家庭学習をトータルサポート！ ニチガクのオリジナル 効果的 学習法

1 まずは アドバイスページを読む！

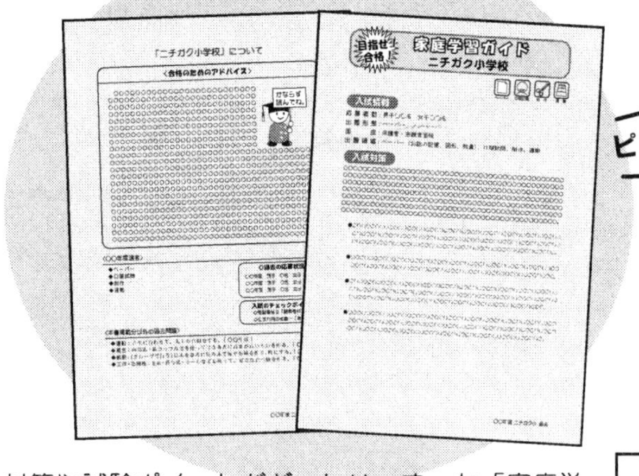

対策や試験ポイントがぎっしりつまった「家庭学習ガイド」。しっかり読んで、試験の傾向をおさえよう！

ピンク色です

2 問題をすべて読み、出題傾向を把握する

3 「学習のポイント」で学校側の観点や問題の解説を熟読

4 はじめて過去問題にチャレンジ！

5 プラスα 対策問題集や類題で力を付ける

過去問のこだわり

最新問題は問題ページ、イラストページ、解答・解説ページが独立しており、お子さまにすぐに取り掛かっていただける作りになっています。
ニチガクの学校別問題集ならではの、学習法を含めたアドバイスを利用して効率のよい家庭学習を進めてください。

各問題のジャンル

問題7 分野：図形（図形の構成） Aグループ男子

〈解答〉 下図参照

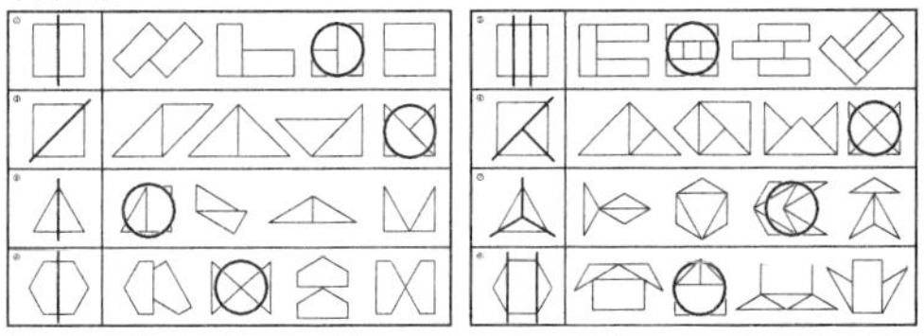

図形の構成の問題です。解答時間が圧倒的に短いので、直感的に答えないと全問答えることはできないでしょう。例年ほど難しい問題ではないので、ある程度準備をしたお子さまなら可能のはずです。注意すべきなのはケアレスミスで、「できないものはどれですか」と聞かれているのに、できるものに○をしたりしてはおしまいです。こういった問題では基礎とも言える問題なので、もしわからなかった場合は基礎問題を分野別の問題集などでおさらいしておきましょう。

【おすすめ問題集】
★ニチガク小学校図形攻略問題集①②★（書店では販売しておりません）
Jr・ウォッチャー9「合成」、54「図形の構成」

学習のポイント

各問題の解説や学校の観点、指導のポイントなどを教えます。
今日から保護者の方が家庭学習の先生に！

おすすめ対策問題集

分野ごとに対策問題集をご紹介。苦手分野の克服に最適です！
＊専用注文書付き。

2022年度版 桐朋学園小学校・桐朋小学校 過去問題集

ISBN978-4-7761-5357-3

C6037 ¥2000E

定価 2,200円
(本体 2,000円＋税 10%)

発行日 2021年4月23日
発行所 〒162-0821 東京都新宿区津久戸町 3-11-9F
日本学習図書株式会社
電　話 03-5261-8951 ㈹